混合非机动车交通特性及安全性提升措施

Traffic Characteristics and Safety Promoting Measures of Mixed Bicycle

张水潮 著

内 容 提 要

本书旨在通过对混合非机动车相关交通特性的研究，综合分析混合非机动车的安全问题，并提出相应的对策措施。全书共分6章，内容包括绪论、混合非机动车流速度-密度特性、信控交叉口混合非机动车交通特性、机非软隔离路段混合非机动车交通特性、非机动车驾驶人交通行为安全性评价、非机动车交通安全提升措施。

本书可供交通工程领域的研究和技术人员参考，也可供高等院校交通工程专业高年级本科生及研究生教学参考。

图书在版编目(CIP)数据

混合非机动车交通特性及安全性提升措施 / 张水潮著. — 北京 : 人民交通出版社股份有限公司, 2015.11
ISBN 978-7-114-12634-5

Ⅰ. ①混… Ⅱ. ①张… Ⅲ. ①非机动车—交通②非机动车—交通运输安全 Ⅳ. ①U491.2

中国版本图书馆CIP数据核字(2015)第278805号

书　　名: 混合非机动车交通特性及安全性提升措施
著 作 者: 张水潮
责任编辑: 刘永超　李　娜
出版发行: 人民交通出版社股份有限公司
地　　址: (100011)北京市朝阳区安定门外外馆斜街3号
网　　址: http://www.ccpress.com.cn
销售电话: (010)59757969,59757973
总 经 销: 人民交通出版社股份有限公司发行部
经　　销: 各地新华书店
印　　刷: 北京市密东印刷有限公司
开　　本: 720×960　1/16
印　　张: 9.25
字　　数: 140千
版　　次: 2015年11月　第1版
印　　次: 2015年11月　第1次印刷
书　　号: ISBN 978-7-114-12634-5
定　　价: 30.00元
(有印刷、装订质量问题的图书由本公司负责调换)

前　言

本书所指的混合非机动车是自行车和电动自行车混行情况下的非机动车的统称。随着电动自行车数量的不断增加，在当前的城市非机动车中，电动自行车的数量已经与自行车数量相当甚至是超过了自行车的数量，城市道路上很难找出纯粹的自行车流，也很难找出纯粹的电动自行车流，使得当前的城市非机动车已成为本书所谓的混合非机动车。电动自行车与自行车的混行，在一定程度上已使非机动车流成为混合交通流，且两者之间不同的混合比将影响非机动车流的相关特性。

混合非机动车的出现，使得目前国内的混合交通现象更趋严重，交通流特性更趋复杂，交通安全隐患也更为增多，同时对国内城市的交通结构、交通设施、交通管理都产生了较大的影响，也提出了新的要求。因此，对混合非机动车的交通特性进行研究，分析交通安全问题存在的原因，并有针对性地提出相应的改进措施，具有理论和实践的双重意义。混合非机动车的交通特性，可以分为宏观和微观两个层面，宏观层面是指混合非机动车流的速度-密度特性、交叉口及路段的机非冲突特性等，微观层面则是指非机动车驾驶人交通行为的相关特性，本书主要对以上问题进行深入探讨。

本书引入混合系数的概念对非机动车流中电动自行车所占的比例进行了定量刻画，并通过虚拟线圈法调查得到了混合系数为0.4及0.5的混合非机动车流的速度-密度特性。在此基础上，分别利用NaSch元胞自动机原理及气体动力学原理对混合非机动车流的速度-密度关系进行仿真建模，借鉴物理学中的相变理论，将混合非机动车流根据密度大小划分为自由流相、紊流相和饱和流相，并结合实际调查数据验证了仿真模型的正确性及适用范围，给出了混合系数为0.5的混合非机动车流的速度-密度分析模型。

针对交叉口的混合非机动车的机非冲突特性，本书提出了交叉口非机动车行驶轨迹点数据采集的方法，即视频坐标法，并以交叉口的长度和宽度来标识交叉口的规格，采用视频坐标法，对交叉口中左转非机动车流的轨迹点坐标值进行采集，得出不同规格的信号交叉口下非机动车流的左转轨迹方程，该轨迹方程为一般的二次函数方程而非圆规方程。在此基础上，以交叉口几何尺寸中相关参数为变量，得出轨迹方程中的各参数对于交叉口长度和宽度的函数表达式。对于两相位控制交叉口，本书先是通过交通调查，得到自行车和电动自行车在通过交叉口的时间分配上对于机动车的转换系数，再根据该转换系数，得出两相位交叉口中左转非机动车流进行专用信号控制的流量临界值;对于四相位控制交叉口,研究得到了左转非机动车流的膨胀效应,并建立了膨胀宽度与左转非机动车在停车线排队处宽度之间的关系,再根据左转车流因膨胀效应而与左转机动车之间所产生的干扰,得出四相位控制交叉口左转非机动车流单独控制的流量临界值。

针对路段的混合非机动车流机非冲突特性,本书首先分析了非机动车越线行驶与路段机非冲突的关系。在此基础上,利用混合非机动车流速度-密度关系的相关研究成果,先是从宏观层面提出了非机动车越线行驶的临界流量判别模型,进而提出路段机非冲突的分析模型;再是从微观层面提出了非机动车越线行驶的概率模型和路段机非冲突的概率模型。并利用流体力学中的保角变换原理,研究了路边停车位和公交车站设置后对非机动车流运行影响的定量分析模型,并从避免机非冲突的角度提出了路边停车位和公交车站设置的判断阈值。

在以上研究的基础上,本书分析了非机动车宏观交通流与微观交通行为之间的关系,基于宏观层面机非冲突的特性,研究得到了交通行为产生机理与危险程度之间的关系。针对非机动车驾驶人交通行为的安全性评价,本书提出了3项一级评价指标和9项二级评价指标,并采用量表分析法对测试问卷进行了定量分析并进行了优化,最后得出了适合于非机动车驾驶人交通行为安全性评价的测试问卷。在此基础上,通过问卷测试得到的非机动车驾驶人交通行为安全性的评价指标,利用模糊测度的方法,建立了非机动车驾驶人交通行为安全性的评价模型。

最后,结合本书在混合非机动车流的速度-密度关系模型、交叉口及路段的机非冲突分析模型的相关研究成果,为提高非机动车驾驶人的交通安全性,笔者从交通设施提升和交通行为规范两方面提出了非机动车交通安全的提升对策。宏观上,主要提出了基于交通安全的机非硬隔离设施的设置判别阈值以及基于交通安全的交叉口非机动车控制方法。微观上,则结合非机动车驾驶人安全性评价模型,基于"规范行为、增强意识"的原则,从政策层面、管理层面及教育层面提出了非机动车交通安全性的提升措施,并提出具体的干预模式、干预途径及干预措施。

本书的研究和出版得到了国家自然科学基金项目(51308311)、浙江省自然科学基金项目(LQ13E080004)和宁波工程学院学术专著出版基金的资助,在此表示感谢!

作　者

2015年7月

目　　录

第1章 绪　　论

1.1 背景及意义

按《中华人民共和国道路交通安全法》规定，非机动车是指以人力或者畜力驱动，上路行驶的交通工具，以及虽有动力装置驱动但设计最高时速、空车质量、外形尺寸符合有关国家标准的残疾人机动轮椅车、电动自行车等交通工具[1]。根据管理实践，通常将非机动车分为自行车、三轮车、电动自行车、残疾人机动轮椅车和畜力车等。在国内的大中城市中，最为常见的非机动车主要是自行车和电动自行车，因此，本书所考虑的混合非机动车是指自行车和电动自行车混行情况下的自行车和电动自行车的统称。

非机动车出行是国内城市居民出行的主要交通方式，在国内大中城市的居民出行结构中，自行车及电动自行车出行的平均比例约为28%[2]。同时，据统计，截至2009年年底，全国自行车保有量在6亿辆左右，电动自行车的保有量在1.2亿辆左右[3]。因此，我国不仅是非机动车的拥有大国，还是非机动车的出行大国。同时，电动自行车作为一种新兴的交通工具，它以速度快、方便快捷、污染小、能耗低等优点受到广大人民的青睐，电动自行车的数量正以惊人的速度在逐年增加，目前在国内不少城市，特别是南方的部分城市，电动自行车的数量甚至已经超过自行车的数量。

自行车与电动自行车在动力、速度、加减速等特性上存在较大的差别。自行车为人力驱动，鉴于体力承受程度等原因，大部分人骑自行车时的平均速度约为10km/h，最大速度一般在14km/h左右；而电动自行车为电瓶驱动，再加上国内的部分电动车不按国标生产，且不同的人有不同的骑行习惯，电动自行车的速度基本上分布在 15～40km/h 之间。

国内大部分城市在非机动交通与机动车交通分离的处理方法上往往有三种情况：一是机非硬隔离（即采用隔离栏或绿化带隔离）；二是机非软隔离（即采用白实线进行隔离）；三是机非混行（机动车与非机动车在同一条车道上通行）。近年来由于电动自行车数量的激增，不管采用哪一种处理方式，自行车都是与电动自行车混行的，当前在国内基本上很难找出纯粹的自行车流，也很难找出纯粹的电动自行车流，因此，电动自行车与自行车的混行，在一定程度上已使非机动车流成为混合交通流，且两者之间不同的混合比将影响非机动车流的相关特性。混合非机动车的出现，使得目前国内的混合交通现象更趋严重，交通流特性更趋复杂，交通安全隐患也更为增多，同时对国内城市的交通结构、交通设施、交通管理都产生了较大的影响，提出了新的要求，而目前国内外针对混合非机动车的交通规划理论、交通管理与控制等还比较缺乏，对适合混合非机动车行驶的道路设施设计依据还不成熟。因此，研究混合非机动车的交通特性有切实的必要性，而混合非机动车的交通特性除包括非机动车的交通流特性外，还包括非机动车与机动车之间的干扰与冲突特性以及非机动车驾驶人的行为特性等内容，不仅涉及交通秩序管理方面的内容，还涉及交通安全管理方面的内容。

交通安全问题是城市交通中的一项重要问题。近年来，由于车辆拥有数的大幅增长，交通安全事故数量也在不停地上升。而作为城市交通系统中的弱势群体，非机动车交通参与者的交通安全问题更是不容忽视。据统计，2012 年，全国共发生道路交通事故 4 726 868 起，造成 59 997 人死亡、224 327 人受伤，直接财产损失达 18 亿元。其中，自行车驾驶者、电动自行车驾驶者发生道路交通事故导致死亡的人数分别占总死亡人数的 9.25% 和 3.02%[4]。这一数据触目惊心，而且还在逐年上升之中。

自行车与电动自行车的交通安全问题主要表现在与机动车相关的交通事故中。自行车与电动自行车由于稳定性与防护性差，在与机动车发生事故后，非机动车驾驶人相对而言更容易受到伤害。西欧相关国家 2001～2002

年的统计数据显示:骑行自行车每公里行驶里程的死亡危险程度是驾驶汽车的8倍[5]。多年来,汽车的生产厂商及技术人员致力于对提高机动车驾乘人员安全性的研究。然而,在大量的机动车与非机动车道路交通事故中,非机动车驾驶人往往成为最严重的交通伤害对象。因此,有必要对非机动车的交通安全问题予以特别关注。

对非机动车的交通安全问题可以从宏观和微观两方面予以分析。宏观上,由于电动自行车与自行车所组成的混合非机动车流与机动车存在较大的冲突,路段上的冲突主要表现在横向冲突与纵向冲突上,交叉口的冲突则表现在非机动车车流与机动车各转向车流的冲突上,因此,减少非机动车与机动车之间的冲突是减少交通事故的前提条件,采取的方式主要有加强路段上非机动车与机动车交通隔离、加强交叉口处非机动车的优化控制等。微观上,非机动车驾驶人的意识态度影响着交通行为的特征,导致不安全行为的产生,而这些不安全交通行为增加了机非冲突的可能性及危险性,因此,需要从教育、执法等层面提高非机动车驾驶人的安全意识,来促使驾驶人遵章骑行。

本书将从宏观和微观两方面研究电动自行车混入的情况下非机动车的交通特性问题、安全问题及安全性提升对策。宏观上,主要研究混合非机动车情况下非机动车交通流特性,把握机非冲突的基本特征,提出路段及交叉口的冲突分析模型,该类模型将从交通安全的角度,为路段非机动车道宽度及机非硬隔离设施设置、交叉口非机动车各转向通过方式控制及非机动车专用信号相位设置等提供理论依据。微观上,研究混合非机动车情况下非机动车驾驶人的交通行为特征及其对应的意识与态度,建立非机动车意识行为安全性评价指标体系,给出安全性评价模型,该模型可直接用于非机动车驾驶人交通安全意识水平的评价工作,以了解其交通安全意识水平。最后,从宏观与微观结合的角度给出提升非机动车驾驶人交通安全性的对策措施,以期减少非机动车交通事故,提升其交通安全性。

1.2 国内外研究概况

1.2.1 非机动车交通流特性研究

交通流运行状态的定性、定量特征称为交通流特性,用以描述交通流特性的一些物理量称为交通流参数,参数的变化规律反映了交通流的基本性质[6]。非机动车交通流是交通流的一种,也有表征其特点的基本参数,同样定义为非机动车交通流的流量、速度和密集度,也称为交通流三要素,三参数本身及三参数之间也具有一定的特性[7]。由于非机动车整体行驶速度较小,在行驶过程中没有明确的车道区分,且换道情况要比机动车灵活得多,交通流三参数之间的关系与机动车流三参数之间的关系具有较大的区别,同时,由于电动自行车与自行车自身在加速、速度等方面具有较大的差异,因此,对于电动自行车混入情况下的非机动车流的交通特性则更为复杂。国内外对自行车的交通流特性已有一定的研究,但对电动车混入情况下的非机动车流的交通特征鲜有研究。

韩凤春(2004)对交叉口自行车交通流的排队密度、行驶速度以及自行车与机动车的冲突进行了定性分析[8];钱大琳(2004)在对调查数据分析的基础上探讨了自行车的到达特性[9];周溪召(1997)根据自行车车流的形态建立自行车流模型[10];陶志兴(2007)研究了自行车到达分布、自行车速度分布、自行车横向速度特征、自行车横向分布特征,并提出了自行车流的主要特征:摇摆性、群体性、离散性、潮汐性、多变性[11];管红毅(2004)研究了自行车交通的速度和密度特征,研究了自行车通过交叉口时不同转向的速度特征以及通过交叉口后的加减速特征[12]。

在发达国家,由于交通流以机动车为主,自行车所占比重不大,所以这些国家对自行车交通流特性的研究并不深入。主要的研究成果有:John(2010)研究了自行车的速度特征和加速度特征,以及在规划、设计及评价工作中的应用[13]。Smith(1986)和 Opiela(1980)在不同的交通环境下测定了自行车的平均行驶速度分布[14,15]；Rubins 和 Handy（2005）应用实例研究了不同交通状况下自行车通过交叉口的时间[16]；Botma 和 Papendrecht（1991）建立了自行车排队长度与平均速度的关系[17]；Rice 和 Roland（1990）根据大量的调查和测试数据测定了自行车的制动距离与自行车车速、制动片类型、骑车人体重等的关系[18]；Pein（1999）和 Harkey（1997）测定了不同环境下自行车的加/减速度分布和转弯半径等参数[19,20]；Taylor（1999）通过相关实验测定了最佳的自行车减速度，并指出在不同条件下的自行车制动减速度极限值，同时通过实验测定了加速到正常行驶速度时的加速度值[21]。Hossain（2001）针对经济发达国家的交通流特性，建立了评价机非混行交叉口饱和流率的微观模拟方法[22]。

1.2.2 机非冲突特性研究

交通冲突技术（Traffic Conflict Technique，TCT）自 1950 年在美国开始应用，是一种依据一定的测量方法与判别标准，对交通冲突的发生过程及严重性程度进行定量测量和判别，并应用与安全评价和预测用途的技术方法。有关 TCT 的研究在我国起步较晚，但自 1988 年被介绍到我国以来，对它的研究和应用也得到了迅速的发展[23]。在机非冲突的领域，国内外学者主要有以下的研究成果：

陶志兴（2007）研究了机非混行路段机非冲突规律，提出了路段机非冲突的分类及调查方法[11]；Shunping Jia 等（2008）定量研究了城市混合交通情况下自行车对机动车的影响，并将该影响分为两类：摩擦影响和阻塞影响[24]；赵春龙（2006）研究了交叉口混合交通流的机非干扰特性，研究了干扰的传递性、延迟性和制约性[25]；陈峻等（2009）研究了行人-自行车共享道路的自行车交通冲突模型，并研究了电动车超越自行车时的交通冲突模型[26]；石臣鹏（2007）研究了电动自行车与机动车之间的干扰及电动自行车与自行车之间的干扰[27]；Jinguang Liu（2010）等研究了信号交叉口绿灯开始时刻自行车的释放特性[28]。

Yinhai Wang 和 Nihan（2004）提出了基于概率论的信号交叉口机非冲突风险的计算模型，将交叉口的机非冲突分成三种类型：机动车直行、机动车左转及机动车右转，并采用了负二项分布及最大似然估计法进行估计[29]。G. Tiwari（1998）采用冲突分析的方法来预测混合交通流情况下的致命冲突区域[30]。Parkin（2010）从机非冲突的角度研究了不同车速下驾驶员所需要的非机动车道宽度[31]。Moller（2008）研究了自行车驾驶人在环形交叉口对冲突风险的感知[32]。

从以上研究成果可以看出，国内外学者对机非冲突方面已有一定的研究，但在电动自行车与机动车冲突方面则研究较少，而考虑混合非机动车情况下的机非冲突更是鲜见。

1.2.3 非机动车驾驶人交通意识行为特性研究

吴建平等（2004）对北京市信号交叉口的自行车在混合交通流中的微观行为进行研究分析，提出了基础行为模型[35]；曾四清（1995）利用 Logistics 回归分析方法对自行车驾驶人交通行为的危险度进行了归类分析，并给出了不同交通行为的危险度系数[36]；罗江凡（2008）通过交通事故数据定性分析了电动自行车驾驶人的心理特性、交通行为特性和不安全行为，并为管理策略的提出提供依据[37]。潘晓东（2008）等基于交通信息负荷量和交通信息变化的非机动车骑行过程，设计了非机动车骑行行为实验，分析了骑行行为中速度和加速度的特点，得出电动自行车安全性差的结论[38]。

Cherry 和 Cervero（2007）研究了中国电动自行车的使用特性以及模式选择的情况[39]。Bernhoft（2008）研究了不同性别不同年龄自行车驾驶者在行为和偏好上的差别，提出了提高自行车安全性的建议[40]；Mikko（1999）研究发现芬兰某时期的交叉口路权通行规则（交叉口机动车让行非机动车等）改变后，自行车驾驶人通过交叉口时的行为和反应发生的变化不尽相同。因此通行规则在不同交叉口的作用不完全一致，应根据交叉口特性来合理设置交通规则[41]。

1.2.4 已有研究成果的不足

通过对国内外研究现状分析可以发现,在研究范围上,对于普通非机动车交通流特性及机非冲突基本理论等方面已有一定的研究,而对非机动车驾驶人意识行为特征方面则鲜有研究;在研究成果针对性上,由于非机动车交通现象存在较大差异,国内学者的研究成果较多,而国外学者的研究成果则相对较少,并且有些国外学者研究的是中国的非机动车相关问题;在研究深度上,已有研究成果对纯非机动车的交通流和机非冲突有所研究,但对电动自行车的交通流特性尤其是混合非机动车情况下的非机动车流特性和机非冲突特性则基本没有研究。

1.3 本书主要研究内容

本书主要研究内容包括混合非机动车流速度-密度特性、信控交叉口混合非机动车交通特性、机非软隔离路段混合非机动车交通特性、非机动车驾驶人交通行为安全性评价、非机动车交通安全提升措施五部分,具体内容又可分为基础理论研究、宏观层面安全性研究、微观层面安全性研究和安全性提升措施研究四个层面,具体研究框架如图 1-1 所示。

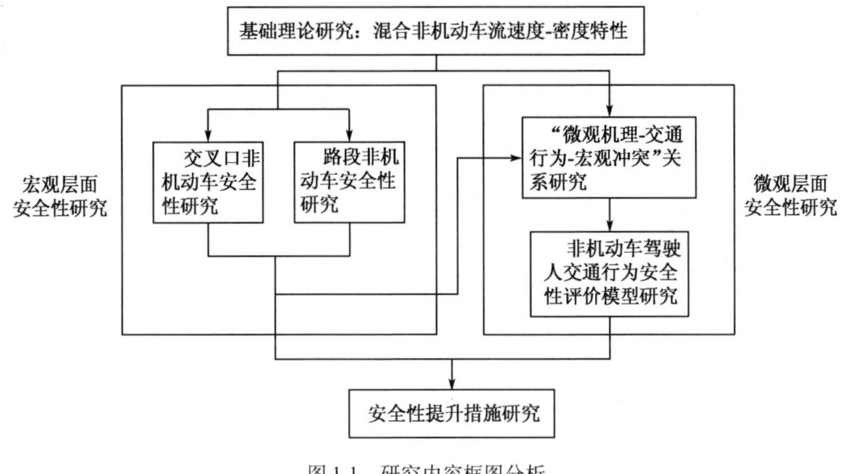

图 1-1 研究内容框图分析

(1)混合非机动车流速度-密度特性

分析自行车和电动自行车驾驶人的主要交通行为特征,研究自行车和电动自行车的速度和道路占用面积特性,综合研究混合非机动车流的速度-密度之间的关系,提出混合非机动车流的速度-密度关系模型。在此基础上,利用 NaSch 元胞自动机原理和气体动力学理论对混合非机动车流的速度-密度关系模型进行仿真建模,并结合实际调查数据验证仿真模型的合理性及适用范围。

(2)信控交叉口混合非机动车交通特性

研究适合于交叉口非机动车流特性数据采集的方法,利用该方法,对信号交叉口左转非机动车流轨迹点坐标进行采集,重点研究信号交叉口左转非机动车流的轨迹方程,并建立轨迹方程中相关参数与交叉口长度和宽度的函数关系式。在此基础上,研究两相位控制交叉口中,自行车和电动自行车在交叉口通行能力和交通冲突上的转换系数,并以此转换系数建立两相位控制交叉口中,左转非机动车流进行单独控制的临界流量判别模型。在四相位控制交叉口中,重点研究左转非机动车流的膨胀效应,得出左转非机动车流膨胀宽度的影响因素,并建立四相位控制交叉口左转非机动车流单独控制的临界流量判别模型。

(3)机非软隔离路段混合非机动车交通特性

研究机非软隔离路段,混合非机动车越线行驶的影响因素,一方面从宏观上分析机非软隔离路段,混合非机动车越线行驶的临界流量判别模型;另一方面,从微观上研究混合非机动车流越线行驶的概率模型和路段机非冲突的概率模型。在此基础上,研究在路段上设置停车位后,对非机动车越线行驶影响的定量分析模型,并从避免机非冲突的角度提出路段停车位设置的可行性条件。

(4)非机动车驾驶人交通行为安全性评价

首先研究宏观层面的非机动车流与微观层面的非机动车驾驶人交通行为之间的关系,根据不同交通行为所产生的非机动车流的机非冲突程度来确定对应交通行为的安全性，并根据不同交通行为产生的机理对交通行为进行分类，由此建立“微观机理-交通行为-宏观冲突”之间的关系，在此基础上，研究建立非机动车驾驶人的交通行为安全性评价指标体系，采用量表分析法编制评价指标值的提取方法，最后利用模糊测度的方法建立非机动车驾驶人交通行为安全性评价模型。

(5)非机动车交通安全提升措施

在以上研究的基础上，从宏观和微观两方面提出非机动车交通安全的提升对策。宏观上，主要为提出基于交通安全的路段机非硬隔离设施的设置判别阈值及相关交通设施的改进措施，提出基于交通安全的交叉口非机动车控制方法。微观上，则结合非机动车驾驶人安全性评价模型，基于“规范行为、增强意识”的原则，从政策层面、管理层面及教育层面提出非机动车交通安全性的提升对策，并提出具体的干预模式、干预途径及干预措施。

第2章　混合非机动车流速度-密度特性

混合非机动车的基本交通特性包括微观交通特性和宏观交通特性两方面。其中微观交通特性主要是指非机动车驾驶人的交通行为特征,宏观交通特性主要是指混合非机动车的整体交通流特征。掌握混合非机动车的基本交通特性是进行后续研究的基础。本章首先采用定性分析的方法分析非机动车驾驶人的交通行为特征,再通过交通调查得到混合非机动车流的基本特征,并利用仿真建模与数据分析的方法建立混合非机动车流的速度-密度模型,为后续研究奠定基础。

2.1　非机动车基本特性

2.1.1　非机动车发展现状

我国是非机动车的拥有大国和出行大国。自1949年以来,为节约能源,国家交通政策一直鼓励步行和自行车交通。20世纪80年代,我国的经济改革使市民收入大幅增长,自行车拥有量得到了爆发性增长。20世纪90年代,自行车一直是国内大中城市居民出行最重要的交通工具,由此,我国还被称为自行车王国。进入21世纪以来,随着机动车保有量的快速增长,自行车的交通出行地位有所下降,但国内自行车保有量仍较大,如图2-1所示。

同时,电动自行车作为一种新兴的交通工具,它以速度快、方便快捷、污染小、能耗低等优点而深受广大人民的青睐。因此,电动自行车从2000年进入我国市场以来,其发展速度异常迅猛,特别是近年来随着居民生活水平的提高,电动自行车购买力越来越强,2005年,全国电动自行车保有量便达到了约1950万辆,2006年达到约3700万辆,至2013年年末已达到了约1.8亿辆,基本上以每年约 30% 的增长率在快速增长,如图 2-2 所示。

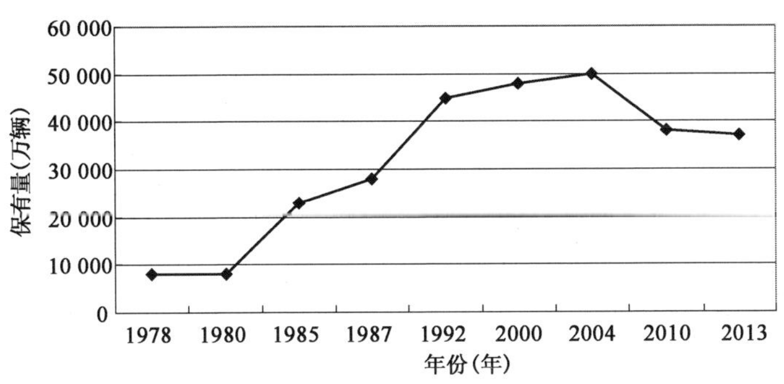

图 2-1　全国自行车历年保有量分布图

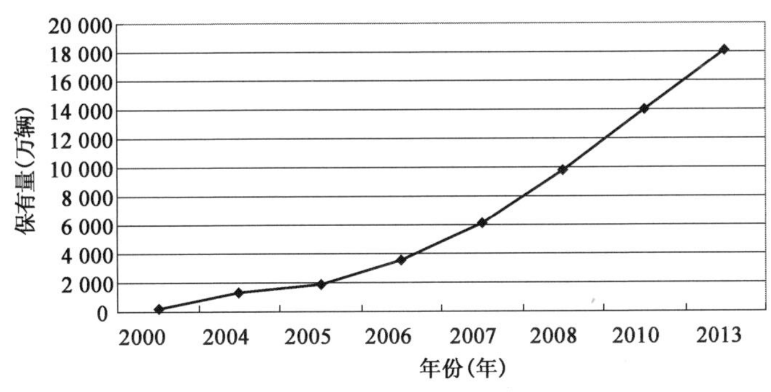

图 2-2　全国电动自行车历年保有量分布图

与国内大中城市数量巨大的非机动车拥有量相对应的是,非机动车出行一直是国内城市居民的主要交通方式。在 20 世纪 80 ~ 90 年代,非机动车的出行比例一度达到 40% ~ 50%[12],在 21 世纪初,随着机动车拥有量的大幅增长,非机动车出行比例有所下降,但在国内大中城市的居民出行结构中,非机动车出行比例仍处于 20% ~ 30%[2]。近年来,随着城市交通拥堵问题及汽车尾气污染的逐渐加剧,非机动车出行的地位得到了重新审视。特别是随着近年来国内大中城市不断推广公共自行车交通系统,非机动车交通出行将更加受到重视,非机动车交通出行的条件也期望得到更大的改善。

同时,随着电动自行车拥有量的逐渐增长,在国内大中城市中,很难找到纯粹的自行车流,基本都是自行车和电动自行车混合的非机动车流,这便是本书所研究的**混合非机动车流**。由于电动自行车与自行车在行驶速度、加速特征、惯性等方面与自行车存在较大的差别，使得现在国内大中城市所出现的混合非机动车流成为比普通自行车流更为复杂的非机动车流。由此对国内城市的交通管理和交通安全带来了一系列新的问题。

2.1.2 非机动车基本参数

(1)自行车

自行车方便、灵活、价格低廉，是深受我国城市居民喜爱的交通工具，也比较适合我国居民的生活水平和城市发展现状。

大部分自行车的车身长度为1.7～1.9m，宽度为0.5～0.6m。自行车为人力驱动，在启动时具有启动时间短、启动速度快等特点。常以10min以上所驱动的马力称为平均付出马力(785.5W)，成年男子约为0.3马力，随着骑行时间的增长，自行车驾驶人所能输出的马力越小，车速就越慢，所以不宜用作远程交通工具。

(2)电动自行车

《电动自行车通用技术条件》(GB 17761—1999)中对电动自行车(Electric Bicycle)的定义为："以蓄电池为辅助能源、具有两个车轮，能实现人力骑行，电动或电助动功能的特种自行车。"

电动自行车体积小，整体而言，外形和普通自行车类似。大部分电动自行车的车身长度为1.7～1.9m，宽度为0.6～0.7m。《电动自行车通用技术条件》规定电动自行车最高车速不大于20km/h；整车质量应不大于40kg；以最高车速电动骑行时干态制动距离应不大于4m，湿态制动距离应不大于15m。

2.1.3 非机动车行驶特征

(1)速度

自行车由人力驱动，其行驶车速与驾驶人的体力息息相关，整体分布于10～20km/h之间[12]。电动自行车由电瓶作为动力进行驱动，《电动自行车通用技术条件》(GB 17761—1999)中规定电动自行车的行驶速度不大于20km/h，但目前城市道路上行驶的电动自行车超速现象明显，部分车辆行驶速度甚至达到了35～40km/h。

通过对南京市和宁波市不同路段上自行车和电动自行车的自由流车速进行调查，共得到了112组自行车车速数据和145组电动自行车车速数据。通过统计分析，得出自行车的平均车速为13.9km/h，标准差为3.2 km/h；电动自行车的平均车速为20.3 km/h，标准差为4.4 km/h。将调查数据按不同的速度区间进行统计分析，得到自行车和电动自行车的行驶车速的频率分布，如图2-3和图2-4所示。

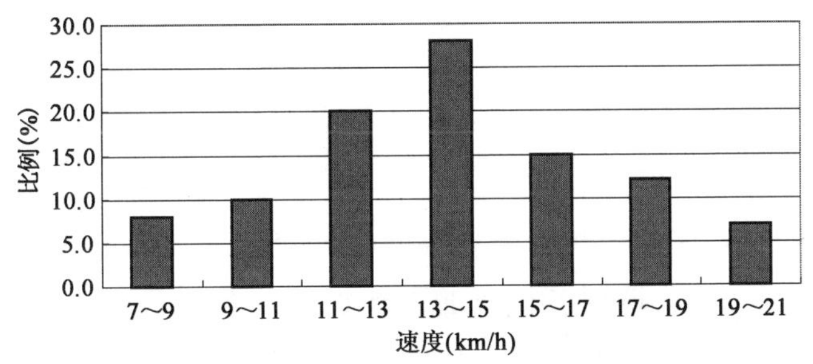

图2-3　自行车行驶车速频率分布图

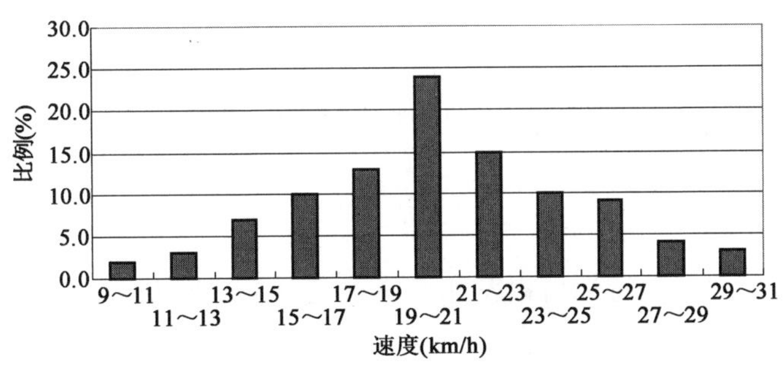

图2-4　电动自行车行驶车速频率分布图

调查结果与文献[53]、[54]的研究结果吻合，因此，本书的后续研究中将自行车的自由流车速定为14km/h，电动自行车的自由流车速定为20km/h。

(2)加速度

加速性能主要应用于交叉口处非机动车由静止转入行驶状态的能力。

调查方法[53]如下:把人行横道线作为加速的起点 A,通过大量的观察,估计非机动车加速的距离,在距离的终点两侧不远处设定两个点 B、C,首先要保证的是,非机动车在 C、D 两点间能够达到自由行驶速度,然后再通过多次调整 B 点,最后可得非机动车的加速距离,从而通过式(2-1)计算得到非机动车的加速度。测量方法如图 2-5 所示[53]。

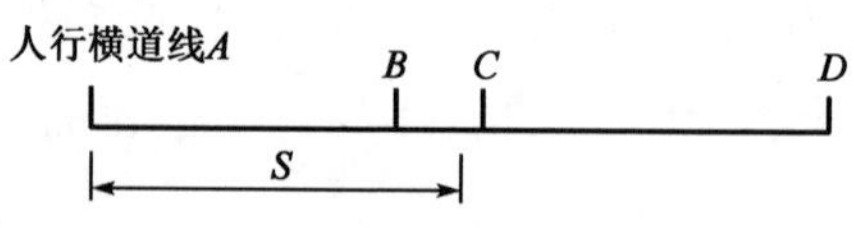

图 2-5 非机动车加速度测量方法示意图

$$\bar{a} = \frac{v_t^2 - v_0^2}{2S} \tag{2-1}$$

式中:$\bar{a}$——非机动车的平均加速度,m/s²;

v_t——非机动车在达到匀速时的车速,m/s。

通过调查与计算,得到自行车的平均加速度为 1.5m/s²,电动自行车的平均加速度为 2.0m/s²。这与文献[53]的研究结果基本吻合。

(3)车流特征

混合非机动车流由一些移动着的自行车和电动自行车组成。通过相关调查方法,可以对混合非机动车流的流量、密度、速度等参数进行观测。其基本特点如下[55]:

①流动性

非机动车的行驶特性可以利用基本的交通流理论进行研究。

②连续性

非机动车流具有连续性的特性,这也是利用流体力学分析非机动车流的理论基础。

③压缩性

非机动车流的密度是可以改变的,这便是非机动车流的可压缩性。

④行为性

非机动车由驾驶人操作控制行驶,驾驶行为和意识会影响非机动车的行驶。

⑤摇摆性

非机动车车体相对较小，转向灵活，也没有固定的行驶轨道，容易造成蛇形骑车，从而偏离原行驶车道线，特别是青少年驾驶人，年轻气盛，骑行时摇摆幅度大。

⑥群集性

有些骑车人喜欢结队而行，一边骑行，一边聊天。因此，非机动车流往往不像机动车流那样具有较为规则的队列，这也是非机动车流的一个重要特征。

⑦多变性

非机动车机动灵活，易于加减速度，特别是对于上下班职工等群体性非机动车流，容易出现互相追逐、你追我赶的随机现象。

2.1.4　非机动车出行特征

(1)出行目的

韩宝睿等通过问卷调查，对成都、上海两地的非机动车出行目的进行了研究，研究结果如表 2-1 所示[54]。

非机动车出行目的构成(%)　　表 2-1

出行目的	通勤	生活需要	工作需要	其他
成都市	47	16	32	5
上海市(高峰期)	83	5	8	4
上海市(非高峰期)	41	22	31	6

由表 2-1 可以得到，现状城市居民非机动车出行中，主要是以通勤目的为主，因此非机动车流具有明显的早晚高峰。

(2)出行距离

自行车完全由人力驱动，其出行距离与体力承受度有关；电动自行车虽由电瓶驱动，但受到电瓶供能总量的制约，其出行距离也基本处于一定的范围内。同时，相对于机动车的行驶速度而言，自行车和电动自行车的行驶速度均较小,其出行距离也与出行时间的可承受度有关。因此,整体而言,非机动车的出行距离处于步行和机动车之间,如图 2-6 所示。

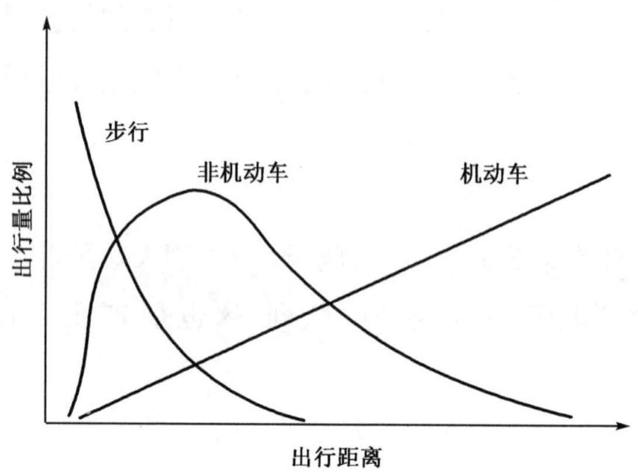

图 2-6 主要交通方式出行比例与出行距离关系示意图

相关研究表明,国内大中城市中,自行车的平均出行距离为 2.7 ~ 5.0km,电动自行车的平均出行距离为 3.0 ~ 10.2km[27,50]。自行车和电动自行车出行距离的不同,在宏观上主要表现为城市不同区位非机动车流中电动自行车比例的不同。通过对宁波和南京两城市的调查(2010 年 4 月),不同区位交叉口中电动自行车的比例如表 2-2 所示。

城市不同区位非机动车流电动自行车比例 表 2-2

城市	交叉口	电动自行车比例	区位
宁波	通途路—世纪大道交叉口	0.62	外围区
	中山西路—环城西路交叉口	0.58	外围区
	环城北路—环城西路交叉口	0.54	外围区
	中山东路—解放北路交叉口	0.53	核心区
	药行街—解放南路交叉口	0.51	核心区
	人民路—大沙泥街交叉口	0.49	核心区
南京	中央北路—幕府东路交叉口	0.48	外围区
	红山路—华电北路交叉口	0.51	外围区
	太平北路—北京东路交叉口	0.44	核心区
	洪武北路—中山东路交叉口	0.48	核心区

由表2-2可知，城市外围区的电动自行车比例比城市核心区的比例要高，这主要是外围区的居民相对出行距离较远，而电动自行车的出行距离往往要大于自行车的出行距离，因而外围的电动自行车比例较高。

2.1.5 非机动车事故特征

(1)交通事故现状

根据交通管理部门统计，非机动车交通事故主要为非机动车与机动车之间的碰撞。其交通事故具有如下几类特点：

①事故率高

在与机动车交叉的位置，均呈现较高的事故率，随着电动车数量的不断增长，非机动车的事故率还在逐年上升。

②伤亡率高(中度伤以上)

碰撞双方质量相差悬殊，非机动车一方处于明显弱势，人身伤亡率极高，极易酿成恶性事故。

(2)事故原因分析

①非机动车辆整体安全性能较差

非机动车由于体积小、行驶稳定性差、安全设施少，是一种安全性能较低的交通工具。特别是电动自行车，其行驶速度较高，且现状由于管理薄弱，电动自行车的生产质量良莠不齐，部分厂商为吸引市民购买，设计车速超过20km/h，质量超过40kg，部分电动自行车甚至向轻摩化发展，加重了非机动车的交通安全隐患。

②非机动车驾驶人交通安全意识较差

非机动车驾驶人往往没有经过专门的交通安全培训，对交通法规似懂非懂，安全违法行为较多。在道路上行驶时，一遇危险情况往往不知所措，极易引发交通事故。

③交通管理部门没有对非机动车采取科学的管理措施

现状城市交通管理者对非机动车的车流特性缺乏充分认识，在路段和交叉口交通管理方案的制订中，着重考虑机动车的通行秩序和交通安全，对非机动车交通没有形成科学的管理措施，由此加剧了非机动车的交通安全隐患。

2.2 混合非机动车流速度-密度特性调查

混合非机动车流由一些移动着的自行车和电动自行车组成，具有流动性、连续性和压缩性等特征，与机动车流具有极大的相似性。因此，参照机动车交通流特性的研究方法，本书对混合非机动车流特性的研究主要为速度、密度和流量等参数的研究。

2.2.1 非机动车混合比例表示方法

为充分刻画非机动车流中电动自行车的比例，以便在后续的研究中将电动自行车比例相同的非机动车流进行统一研究，本书引入非机动车流混合系数 K：

$$K = \frac{m_j}{m_i + m_j} \tag{2-2}$$

式中：K——非机动车流混合系数；

m_i——非机动车流中的自行车数量；

m_j——非机动车流中的电动自行车数量。

但在实际的城市非机动车流中，往往并不需要得到非机动车流混合系数 K 的精确值，而只需得到 K 值的某一范围，因此，为更合理地划分非机动车流的特征，本书将混合系数 K 表征为某一混合系数范围内的非机动车流，其表征情况如表 2-3 所示。

非机动车流混合系数 *K* 取值分析 表 2-3

K 取值	0.1	0.2	0.3	0.4	0.5
对应混合系数范围	0.05 ~ 0.15	0.16 ~ 0.25	0.26 ~ 0.35	0.36 ~ 0.45	0.46 ~ 0.55
K 取值	0.6	0.7	0.8	0.9	—
对应混合系数范围	0.56 ~ 0.65	0.66 ~ 0.75	0.76 ~ 0.85	0.86 ~ 0.95	—

为合理地分析同一类型的混合非机动车流，在后续的分析中，基本上选用同一 K 值的混合非机动车流进行研究。

2.2.2 非机动车流密度的表示方法

当非机动车行驶于非机动车道的最右侧时，其右侧需要 0.25m 的侧向净空；当其行驶于非机动车道的最左侧时，其左侧也需要 0.25m 的侧向净空。因此，对于 1.5m 宽的非机动车道，其实际可供非机动车行驶的宽度空间仅为 1.0m，根据实际经验总结，此即为非机动车行驶时的一般宽度。

在中国的城市道路中，非机动车道的宽度往往有 1.5m、2.5m 及 3.5m 三种情况，其对应的非机动车道的车道数即为单车道、两车道和三车道。对于两车道和三车道的非机动车道，在车道内部并没有对车道进行严格区分，且由于非机动车行驶时横向轨迹的不稳定性，非机动车在行驶过程中并没有严格的车道概念。因此，本书在研究非机动车的车流密度时，采用某一时刻车道内单位面积上的非机动车辆数进行表示，其单位为 bic/m^2。当然，其中的车道面积为减去其两侧的侧向净空之后的面积。

2.2.3 速度-密度特性调查方法

非机动车流速度-密度特性交通调查采用虚拟线圈法进行，即在垂直于车道的方向上人为地划定两条直线，并将该两条直线作为虚拟的检测线圈，如图 2-7 所示。调查时，对虚拟线圈范围内的车辆进行摄像，记录下某一时刻线圈范围内的车辆数以及车辆中自行车和电动自行车的组成比例，并通过摄像减速回放，测算出每辆车辆的行驶车速。

2.2.4 速度-密度特性调查结果

为研究非机动车交通流的速度-密度特性，选取了南京市和宁波市共 38 条非机动车道条件良好的路段，并在不同时段对路段的非机动车流进行调查，共取得 112 组符合要求的速度-密度数据。

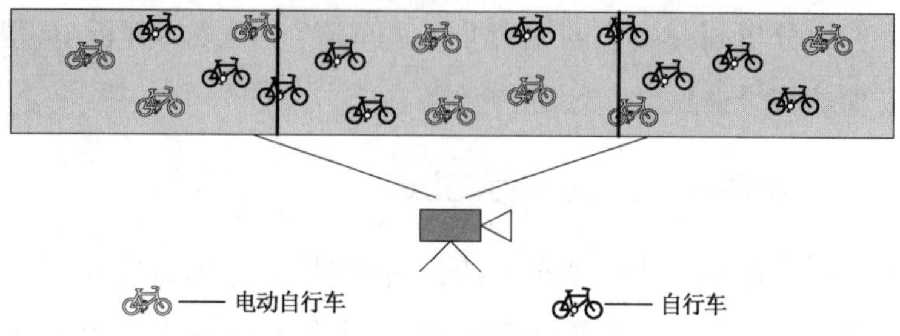

图 2-7　虚拟线圈法调查示意图

将本次调查的混合非机动车流中混合系数进行统计分析，得到调查的路段中，混合系数基本上为 0.4 和 0.5，为对不同混合系数下的非机动车流速度-密度特性的分析，将调查数据按混合系数的大小分为两类，一类是混合系数 $K=0.4$ 的数据，另一类是混合系数 $K=0.5$ 的数据，并绘制出两类混合系数下的混合非机动车流速度-密度特性分布图，如图 2-8 所示。

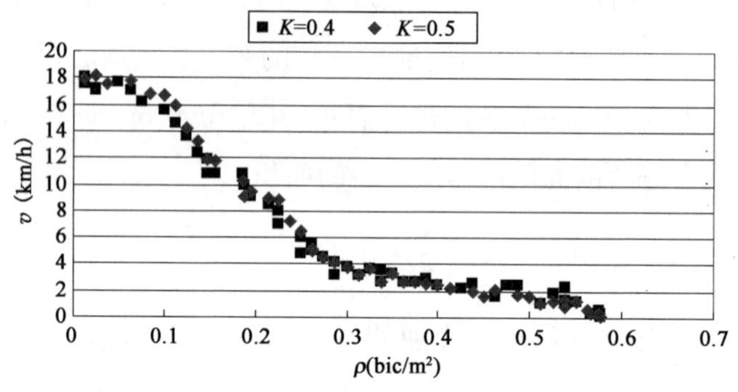

图 2-8　混合非机动车流速度-密度特性图

从图 2-8 可以看出，当非机动车流的密度小于 0.16bic/m^2 时，非机动车整体处于自由行驶的状态。从自由流的行驶速度值来看，含有电动自行车的混合非机动车流整体的速度值比纯自行车流的速度要高（纯自行车流的自由行驶速度值约为 14km/h），且电动自行车的占有比例越大，即混合系数值越大，非机动车流整体的自由流速度值也越高，即图 2-8 中的灰点基本上要比对应的黑点高，这是由于电动自行车整体的行驶速度要大于自行车，当两者混行时，电动自行车所占的比例越大，所在非机动车流整体的自由流车速就越大,即电动自行车对整体非机动车流的速度提升效应较为明显。

当非机动车流的密度大于0.16bic/m^2时,非机动车流的速度值随着密度的增加而趋于下降,这说明密度增大时,非机动车流整体的自由行驶空间变小,车辆的行驶受到周围空间大小的制约,车辆的行驶速度达不到自由行驶时的最大速度,但此时灰点仍然比对应的黑点要高,由此说明此时电动自行车的速度提升效应仍较为明显。

当非机动车流密度大于0.30bic/m^2时,不同混合系数下的非机动车流的速度-密度特性趋于相同,即灰点基本上与对应的黑点重合。由此说明当非机动车流的密度达到一定程度时,非机动车流的行驶空间对车速的制约作用增加,电动自行车对非机动车流车速的提升效应不再明显,不同混合系数下的非机动车流的速度-密度特性趋于相同。

当非机动车流的密度达到0.58bic/m^2时,车流处于堵塞状态,速度为0,此即为非机动车流的阻塞密度。

2.3 混合非机动车流速度-密度仿真模型

2.3.1 元胞自动机仿真模型

元胞自动机是由一定数量的格子所组成,每个格子被视为一个元胞。每个元胞具有一些特定的状态,但是在某一时刻只能处于某一种状态。随着时间的变化,每一个元胞根据周边元胞的特性,按照一定的法则改变状态,也就是说,某个元胞的状态是由上一个时刻其周围元胞的状态所决定[33]。

元胞自动机仿真模型中的NaSch模型在研究机动车的速度-密度特性中已得到了成功地应用[34],并有大量的国内外学者对其进行了充分的研究。

1)机动车流的NaSch模型

利用元胞自动机模型,可以对单车道、两车道及三车道情况下的机动车流运行情况进行仿真,并便于利用计算机进行模拟实现。以下以同向并列的左右对称两车道为例,对机动车流的元胞自动机模型进行简要描述[34]。

对于并列的两条方向相同的车道，每车道含有 L 个间隔相等的格点，假设车道上有低、中、高三种速度类型的车辆（$V_{max}=2,3,5$），各种不同速度类型的车辆按不同的密度和混合比随机分布于两条车道上，则每个格点的可能状态为：空格点（无车）或含有一辆速度为 V 的车（$V=0,1,2,\cdots,V_{max}$）。

以 $X_i(t)$ 表示第 i 辆车在 t 时刻的位置，$V_i(t)$ 表示其速度，$V_{i\max}$ 为对应车辆的最大速度，P_a 为车辆的加速概率，P_d 为减速概率，$\text{gap}_i(t)=X_{i+1}(t)-X_i(t)-1$，表示第 i 辆车在 t 时刻与前方相邻车辆之间的间距。

该模型具有以下的车辆演化规则：

（1）确定 $t+1$ 时刻各车辆的速度。

当 $V_i(t)<\text{gap}_i(t)$ 时，车辆可加速，若速度未达到最大值，则以概率 P_a 加速 1，变为 $V_i(t)+1$；若速度已达到最大值，则以概率 P_d 减速 1，其他车辆按原速行驶。

当 $V_i(t)\geqslant\text{gap}_i(t)$ 时，车辆考虑变道或减速行驶，若条件允许，车辆以概率 P_t 变道，否则减速行驶，以概率 P_d 减至 $\max[\text{gap}_i(t)-1,0]$，其他减为 $\text{gap}_i(t)$。

（2）判断车辆是否满足变道条件。

条件 1：当前车辆相邻车道的前方有足够的空间，即

$$\text{gap}_i^{\text{f}}(t)>\text{gap}_i(t)$$

其中，$\text{gap}_i^{\text{f}}(t)=X_{i+1}^{\text{f}}(t)-X_i(t)-1$，$X_{i+1}^{\text{f}}(t)$ 为 t 时刻当前车相邻车道前方紧邻车辆位置。

条件 2：当前车辆相邻车道的后方有足够的空间，即

$$\text{gap}_i^{\text{b}}(t)\geqslant\min[V_{i-1}^{\text{b}}(t)+1,V_{i-1\max}^{\text{b}}(t)]$$

其中，$\text{gap}_i^{\text{b}}(t)\geqslant X_i(t)-X_{i-1}^{\text{b}}(t)-1$；$X_{i-1}^{\text{b}}(t)$、$V_{i-1}^{\text{b}}(t)$、$V_{i-1\max}^{b}(t)$ 分别为 t 时刻当前车辆相邻车道后方紧邻车辆的位置、速度和最大速度。

如果满足条件 1 和条件 2，则车辆以概率 P_t 进行变道，变道后的速度为

$$V_i'(t+1)=\min[V_i(t)+1,\text{gap}_i^{\text{f}}(t),V_{i\max}]$$

(3)更新各车辆的位置。

在以上两个步骤的基础上,非变道车辆的位置更新为 $X_i(t+1) = X_i(t) + V_i(t+1)$,变道车辆的位置更新为 $X_i'(t+1) = X_i(t) + V_i'(t+1)$。

2)非机动车流的 NaSch 模型

从机动车流 NaSch 模型的基本原理可以看出,在该模型中,机动车均严格遵守车道变道规则,若将该模型用来仿真非机动车流的速度-密度特性,特别是用来仿真混合非机动车流的速度-密度特性,则需在机动车流 NaSch 模型的基础上进行一定的改进。首先需对非机动车的元胞大小进行一定的定义;其次,还需假设非机动车道也有车道的概念,且自行车和电动自行车均遵守一定的变道规则。

大部分自行车和电动自行车的车身长度在 1.7 ~ 1.9m 之间,车身宽度在 0.5 ~ 0.6m 之间,正常行驶时的道路占用长度约为 2.0m,宽度约为 1.0m,因此,定义自行车和电动自行车元胞的大小为长 2.0m、宽 1.0m 的矩形。根据上文的研究结果,自行车自由行驶时的速度约为 14km/h,该速度值表明自行车每秒钟约前进两个元胞,并将该速度值作为自行车的最大速度,电动自行车自由行驶时的速度约为 20km/h,该速度值表明电动自行车每秒钟约前进三个元胞,也将其认为是电动自行车的最大速度。

在利用 NaSch 模型进行混合非机动车流的速度-密度特性进行仿真建模时,将自行车和电动自行车分别用编号 i 和 j 表示,设自行车和电动自行车的纵向速度分别为 v_i 和 v_j,横向速度分别为 v_i' 和 v_j',自行车和电动自行车的最大速度分别为 $v_{1\max}=2$ 和 $v_{2\max}=3$,d_1、d_2、d_3 分别为当前元胞与其正前方、左前方及右前方非空元胞之间的空元胞数,a_1、a_2 分别为当前元胞与其左侧、右侧非空元胞之间的空元胞数,在 $t \to t+1$ 的过程中,模型按如下规则进行演化。

(1)步骤 1:纵向加速,$v_i \to \min(v_i+1, v_{1\max})$,$v_j \to \min(v_j+1, v_{2\max})$;这对应于现实中驾驶人期望以最大速度行驶的特性。

(2)步骤 2:纵向减速,$v_i \to \min(v_i, d_i)$,$v_j \to \min(v_j, d_j)$;其中,d_i 的取值规

则如表 2-4 所示。

d_i取值规则 表 2-4

判断条件	d_i 取值
$d_{i1} \neq d_{i2} \neq d_{i3}$	$d_i = \max\{d_{i1}, d_{i2}, d_{i3}\}$
$d_{i1} = d_{i2} = d_{i3}$	$p_1 = 1/4, p_2 = 1/2, p_3 = 1/4$
$d_{i1} = d_{i2} > d_{i3}$	$p_1 = 2/3, p_2 = 1/3, p_3 = 0$
$d_{i1} = d_{i3} > d_{i2}$	$p_1 = 2/3, p_2 = 0, p_3 = 1/3$
$d_{i2} = d_{i3} > d_{i1}$	$p_1 = 1/2, p_2 = 0, p_3 = 1/2$

其中 p_1、p_2、p_3 分别为取 d_{i1}、d_{i2}、d_{i3}的概率，d_j 的取值方法同 d_i。

(3)步骤 3：横向速度，若 $v_i \neq 0$，则 $v'_i = 0$、$v'_i = -1$、$v'_i = 1$ 分别对应 $d = d_{i1}$、$d = d_{i2}$和 $d = d_{i3}$的情况。若 $v_i = 0$，则 v'_i 的取值规则如表 2-5 所示。

v'_i 取值规则 表 2-5

判断条件	v'_i 取值
$a_{i1} > a_{i2}$	$v'_i = -a_{i1}$
$a_{i1} < a_{i2}$	$v'_i = a_{i2}$
$a_{i1} = a_{i2}$	$p_1 = 1/2, p_2 = 1/2$

其中 p_1、p_2 分别为取 a_{i1}、a_{i2}的概率。v'_j 的取值方法同 v'_i。

(4)步骤 4：随机慢化，以概率 p，$v_{1i} \to \max(v_{1i} - 1, 0)$，$v_{2j} \to \max(v_{2j} - 1, 0)$；表示驾驶人因各种不确定因素造成的车辆减速。

(5)步骤 5：运动，$s_i \to s_i + v_i$，$s'_i \to s'_i + v'_i$，$s_j \to s_j + v_j$，$s'_j \to s'_j + v'_j$；车辆按照调整后的速度向前行驶。

这里，s_i、s'_i 分别表示第 i 辆自行车的纵向和横向位置，s_j、s'_j 分别表示第 j 辆电动自行车的纵向和横向位置。

图 2-9 所示为变道规则。

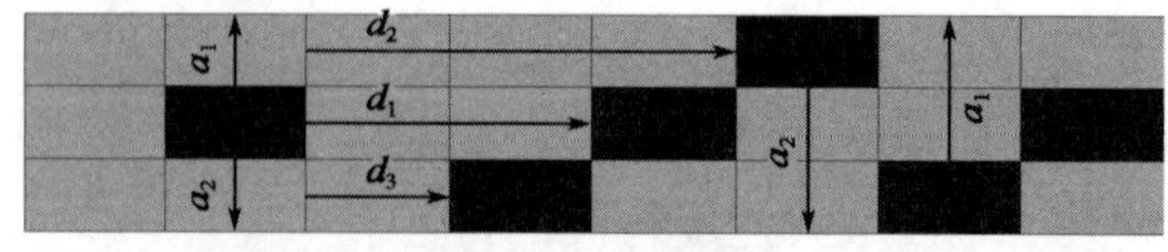

图 2-9 变道规则

3)仿真结果

根据以上的模型运行规则,分别对纯自行车流和含有电动自行车的混合非机动车流进行仿真,得到行驶的时空变化图,如图2-10和图2-11所示。

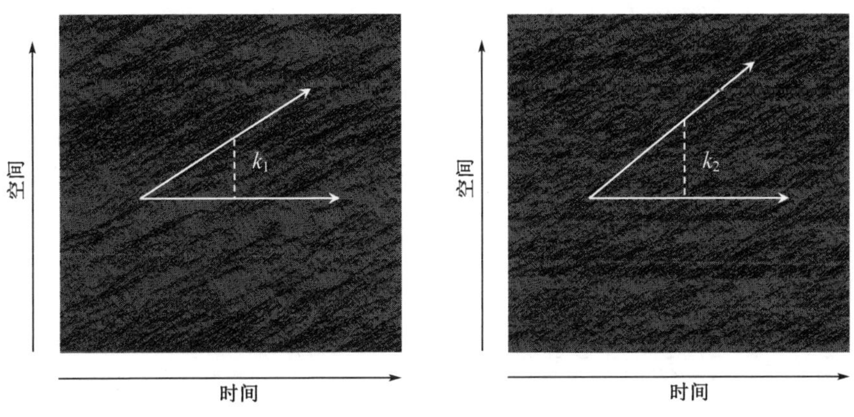

图2-10 纯自行车时空变化图

图2-11 含电动自行车的非机动车时空变化图

图中的黑色区域表示车辆集中行驶的情况,其运动的空间—时间之间的斜率(k_1和k_2)表征的即车流中车辆行驶的速度。从图中可以看出,混合非机动车流比纯自行车流要紊乱,但车流的速度要比纯自行车流的速度大,这与实际调查的结果是一致的。

同时,分别对混合系数K为0.3、0.4、0.5及0.6时的混合非机动车流速度-密度特性进行仿真,得到如下不同车流密度下的混合非机动车流的车速平均值,并绘制不同混合系数下的混合非机动车流速度-密度特性图,如图2-12所示。

根据以上的仿真结果,可知在元胞自动机模型的仿真下,混合非机动车流的速度-密度特性具有如下的基本特点:当密度小于0.25bic/m^2时,混合非机动车流的整体运行速度随着混合系数的增大而增大;当密度大于0.25bic/m^2时,不同混合系数下的混合非机动车流的速度-密度特性曲线趋于重合;而当密度趋于0.50bic/m^2时,不同混合系数下的混合非机动车流的整体运行速度均趋向于零。

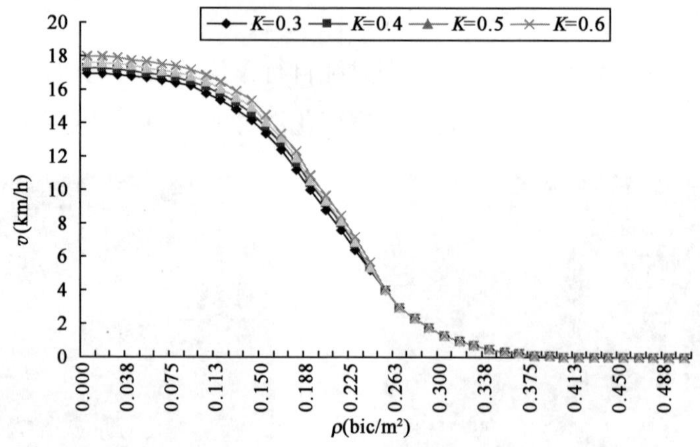

图 2-12　不同混合系数下的混合非机动车流速度-密度关系图

2.3.2　气体动力学仿真模型

(1)气体动力学的基本概念

气体动力学是研究可压缩气体运动规律的基本理论。当研究可压缩气体的状态方程时,其压强和温度只能用绝对压强和开尔文温度,其状态方程可写为:

$$\frac{p}{\rho}=RT \tag{2-3}$$

式中:ρ——气体的密度;

T——气体的开尔文温度;

p——气体的压强;

R——气体常数[空气:287J/(kg·K)]。

根据以上状态方程,并根据流体力学中的质量守恒定律,可得到理想气体一维恒定流动的运动方程如下:

$$\frac{\mathrm{d}p}{\rho}+v\mathrm{d}v=0 \tag{2-4}$$

式中:v——气体的平均运动速度。

该式也可称为欧拉运动微分方程,其确定了气体一维流动时 p、ρ、v 三者之间的关系。

在常见的热力学过程中，主要有等容过程、等温过程和绝热过程三种，等容过程是指在运动的过程中气体的密度不变；等温过程是指在运动过程中气体的温度保持不变，气体的密度和压强之间呈单变量线性关系，而气体的密度和速度则根据运动方程发生变化；绝热过程是指在无能量损失且与外界无热量交换的情况下的运动形式。

特别地，在等温过程的气体运动模式中，最为典型的便是气体的一维运动。在该运动模式下，相当于将气体置于一带状的管子中，气体在管子中进行左右移动，同时在运动中保持气体的温度不变。

根据热力学中的相关原理，气体一维运动等温过程的状态方程如下：

$$\frac{1}{\rho}=\frac{RT}{p} \tag{2-5}$$

同时，可压缩理想气体在等温过程中的能量方程为

$$RT\ln p+\frac{v^2}{2}=c \tag{2-6}$$

式中：c——常数。

其中，将式(2-5)代入式(2-7)可得

$$v=\sqrt{2c-2RT\ln RT-2RT\ln\rho} \tag{2-7}$$

上式即为理想气体一维运动等温过程的速度-密度关系式。

(2)非机动车流仿真模型

若用气体动力学原理来比拟非机动车流，首先需要分析非机动车流对应于热力学过程中的等容过程、等温过程和绝热过程中的过程类别。

在考虑非机动车流的速度-密度特性时，其密度在不断地发生变化，同时，非机动车具有自驱动能力，即总能量也并不守恒，因此，等容过程和绝热过程都不适合描述非机动车流的速度-密度变化特性。而在气体的等温过程中，气体的密度与速度之间存在着简单的线性关系，若将相关参数与非机动车流的参数进行比拟，则气体的等温过程可以有效地比拟非机动车流的速度-密度特性。

经对比分析，理想气体与非机动车流中相关参数的对应关系可分析如表2-6所示。

理想气体与非机动车流相关参数的对应关系　　表2-6

气体参数	非机动车流参数
密度 ρ	非机动车的道路占用密度 ρ(veh/m^2)
速度 v	非机动车流的平均运行速度 v(km/h)
压强 p	非机动车之间的空间排斥度 p($1/m^2$)*

注：* 表中的非机动车之间的空间排斥度与非机动车前后及左右的净空大小有关，净空越大，非机动车运动越灵活，排斥度就越小；反之，非机动车的运动受四周非机动车的干扰和影响就越大，排斥度就越大。

并且，在用气体动力学原理来比拟非机动车流时，并没有将混合非机动车流中的电动自行车与自行车进行区分，而认为两者是同一种非机动车。

根据表2-6中理想气体与非机动车流之间的对应关系，将式(2-7)中的相关参数进行一定的替换，得到非机动车流的基本方程如下：

$$p = k\rho \tag{2-8}$$

$$k\ln p + \frac{v^2}{2} = c \tag{2-9}$$

式中：ρ——非机动车的道路占用密度，veh/m^2；

p——非机动车之间的空间排斥度，$1/m^2$；

v——非机动车流的平均运行速度，km/h；

k——综合参数。

将式(2-8)代入式(2-9)可得

$$v^2 = a + b\ln\rho \tag{2-10}$$

即

$$v = \sqrt{a + b\ln\rho} \tag{2-11}$$

上式即为基于气体动力学理论的非机动车流速度-密度关系式。其中，a、b 均为待定参数。

(3)参数估计

式(2-10)中参数 a、b 的估计主要根据调查数据的回归分析来进行。在回归分析时,将 $\ln\rho$ 看成是自变量,v^2 看成是因变量,根据调查数据对 a 和 b 进行回归分析,得 $a = -9.02$,$b = -18.21$。由此,便可根据式(2-11)绘制出根据气体动力学原理推演得到的非机动车流的速度-密度特性图,如图 2-13 所示。

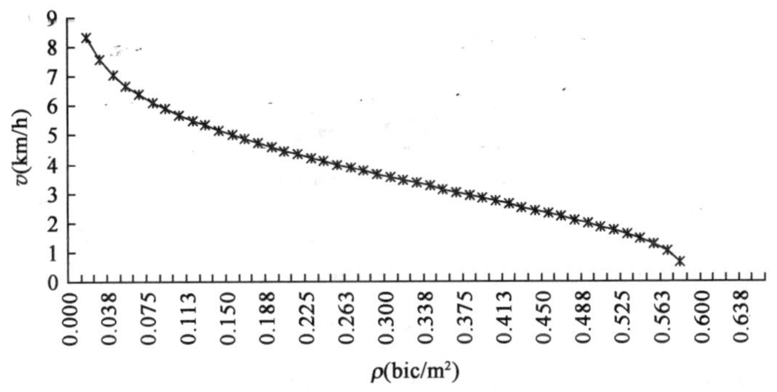

图 2-13　非机动车流速度-密度特性图

在利用气体动力学模型仿真时,并没有将电动自行车与自行车的特性进行区分,而认为两者是同一种非机动车。因此,该模型仿真中对不同混合系数下的混合非机动车流的不同特征无法表征,仿真出来的结果是单条曲线。仿真结果显示,当密度趋于 0.60bic/m^2 时,混合非机动车流的整体运行速度趋向于零。

2.3.3　仿真模型的对比研究

(1)速度-密度特性数据分析

为充分研究元胞自动机模型、气体动力学模型仿真计算得到的混合非机动车流速度-密度特性数据与实际调查得到的速度-密度特性数据之间的关系,将三种数据绘制于同一张速度-密度特性图上,如图 2-14 所示,其中,元胞自动机模型和调查数据对应的是混合系数为 0.5 的混合非机动车流。

从图 2-14 可以看出,当密度小于 0.160bic/m^2 时,元胞自动机模型的仿真结果能与实际调查数据有效吻合,说明在低密度状态下,可以认为非机动车是按车道行驶的,并且,由于含有电动自行车而使混合非机动车流整体速度得到了提高,这一现象与实际调查的结果也是一致的。

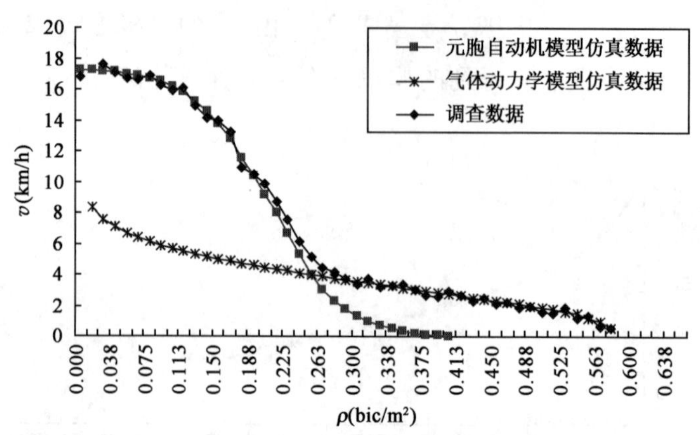

图 2-14　仿真数据与调查数据对比图

当密度大于0.300bic/m^{2}时,气体动力学模型的仿真结果能与实际调查的数据有效吻合,说明在高密度状态下,电动自行车与自行车的特性差异得不到体现,电动自行车与自行车一起在拥堵的状态下行驶,行驶特性基本相同,且可以用气体动力学的相关参数对非机动车流的相关参数进行物理学上的比拟解释。

当非机动车流的密度为0.160~0.300bic/m^{2}时,两类仿真模型的仿真结果都与调查数据有着一定的区别,这说明在该密度区间时,非机动车流的运动并没有严格按车道行驶,而是穿插行驶,因此,元胞自动机模型便不适用了。同时,在该密度区间时,电动自行车的行驶还具有一定的自由空间,其比自行车速度要大的这一特性还是能够得到体现,因此,气体动力学模型便不再适用了。

(2)混合非机动车流三相状态分析框架

根据以上分析,借鉴物理学中的相变理论,可以将混合非机动车的交通流状态分为**自由流相**、**紊流相**和**饱和流相**。其三相图如图 2-15 所示。

在密度小于0.160bic/m^{2}时,为自由流相状态,此时自行车和电动自行车可以自由行驶,并遵守一定的车道变道规则行驶,其速度-密度特性可由元胞自动机模型进行仿真。

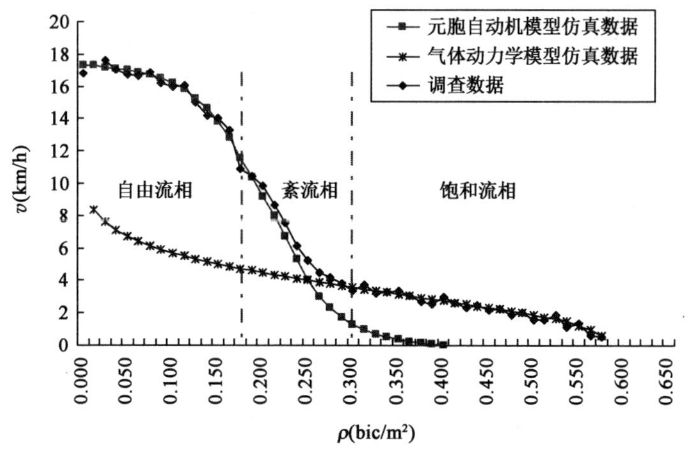

图 2-15 混合非机动车流三相图

在密度大于 0.300bic/m^2时,为饱和流相状态,此时车流整体较为拥堵,电动自行车比自行车速度快的这一特性无法体现,两者行驶特性趋于相同,其速度-密度特性可由气体动力学模型进行仿真。

在密度为 0.160 ~0.300bic/m^2时,为紊流相状态,此时,非机动车流的运动并不严格按车道行驶,而是穿插行驶,同时,电动自行车的行驶还具有一定的自由空间,其比自行车速度要大的这一特性还是能够得到体现,其速度-密度特性无法用元胞自动机模型和气体动力学模型进行仿真。

2.4 混合非机动车流速度-密度解析模型

根据上一小节的分析,混合非机动车流在不同的密度状态下分别可以用三种物理状态进行解释,因此,该三种状态下的非机动车流速度-密度特性也分别可以由三种不同的数学模型进行拟合。由于对于特定的城市或者特定的区域,在混合非机动车流中电动自行车的比例相对确定,且不同混合系数下的混合非机动车流,其速度-密度特性的研究方法类似。因此,为便于本书的表述,并结合当前城市交通中混合非机动车流的混合系数的一般值,在本书的后续研究中,均以混合系数为 0.5 的混合非机动车流作为主要研究对象。

2.4.1 自由流相

根据2.3节的分析，自由流相所对应的密度值为0～0.160bic/m²。根据速度-密度数据，选取密度值为0～0.160bic/m²的数据，用二次函数对速度-密度特性进行回归分析，得到的回归分析图如图2-16所示。

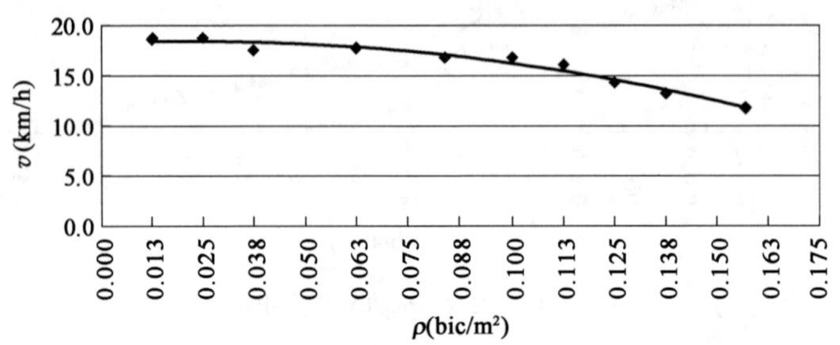

图2-16 自由流相下混合非机动车流的速度-密度特性回归分析图

同时，通过回归分析，得到自由流相下混合非机动车流的速度-密度关系式如下：

$$v = -370.61\rho^2 + 17.125\rho + 18.191 \tag{2-12}$$

$$R^2 = 0.9652$$

式中：v——混合非机动车流的平均速度，km/h；

ρ——混合非机动车流的密度，bic/m²；

R^2——相关性系数。

根据相关性系数的值，可知拟合的结果较好。

2.4.2 紊流相

紊流相所对应的密度值为0.160～0.300bic/m²，根据速度-密度调查数据，选取密度值为0.160～0.300bic/m²的数据，用二次函数对速度-密度特性进行回归分析，得到的回归分析图如图2-17所示。

同时，通过回归分析，得到紊流相下混合非机动车流的速度-密度关系式如下：

$$v = -102.26\rho^2 - 8.5036\rho + 15.057 \tag{2-13}$$

$$R^2 = 0.9496$$

式中:相关参数的意义同上。

根据相关性系数的值,可知拟合的结果较好。

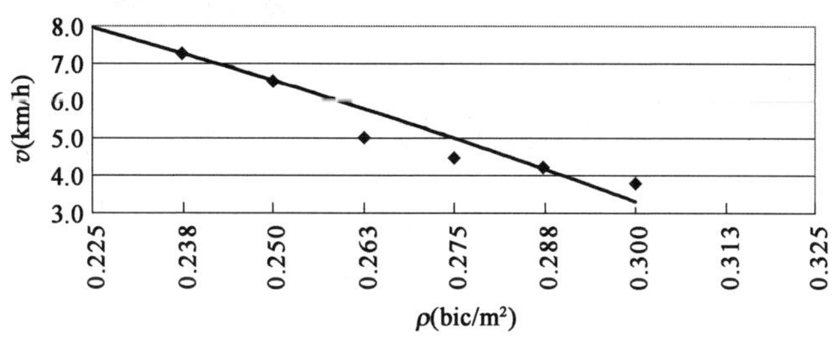

图 2-17 紊流相速度-密度关系数据拟合分析图

2.4.3 饱和流相

饱和流相所对应的密度值为 0.300 ~ 0.580bic/m^2,前文已用气体动力学模型对速度-密度关系曲线进行了模拟,为保持函数形式的统一性,本书采用回归分析的方式建立饱和流相所对应的速度-密度关系模型,拟合图形如图 2-18 所示。

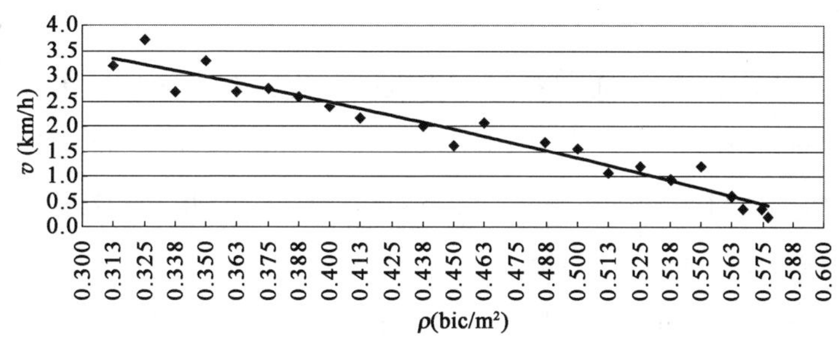

图 2-18 饱和流相速度-密度关系数据拟合分析图

同时,通过回归分析,得到饱和流相下混合非机动车流的速度-密度关系式如下:

$$v = -7.617\,9\rho^2 - 4.233\,4\rho + 5.388\,7 \tag{2-14}$$

$$R^2 = 0.946\,5$$

式中:相关参数的意义同上。

根据相关性系数的值,可知拟合的结果较好。

2.4.4 速度-密度分析模型

上文已利用调查数据对自由流相、紊流相及饱和流相等三种状态下混合非机动车流的速度-密度特性进行了回归分析,并得到了相应的回归方程式,通过整合后便可得到混合非机动车流整体的速度-密度分析模型:

$$v=\begin{cases}-370.61\rho^2+17.125\rho+18.191 & 0<\rho\leqslant 0.160\\ -102.26\rho^2-8.5036\rho+15.057 & 0.160<\rho\leqslant 0.300\\ -7.6179\rho^2-4.2334\rho+5.3887 & 0.300<\rho\leqslant 0.580\end{cases} \tag{2-15}$$

由于特定城市特定区域范围内均有其自身的混合非机动车流组成比例,因此,限于篇幅及工作精力,本书只给出了混合系数为0.5的情况下的混合非机动车流速度-密度分析模型,其余比例下的速度-密度模型可根据本书给出的研究方法进行扩展研究。

2.5 本章小结

非机动车交通由于其行驶的特殊性,因此,与机动车交通流相比,非机动车交通流显得更为复杂,而随着当前非机动车流已经成为自行车和电动自行车组成的混合非机动车流,并且由于自行车和电动自行车的行驶速度不同,混合非机动车流自身内部存在一定的速度离散性,因此,混合非机动车流的相关交通特性便显得更为复杂。

本章首先分析了自行车和电动自行车驾驶人的主要交通行为特征,研究自行车和电动自行车的速度和道路占用面积特性,提出了混合系数K的概念用以表征混合非机动车流中电动自行车所占的比例。并通过虚拟线圈法调查得到了混合系数K为0.4和0.5的混合非机动车流的速度-密度特性数据。在此基础上,分别利用NaSch元胞自动机原理及气体动力学原理对混合非机动车流的速度-密度关系进行仿真建模,并结合实际调查数据验证了仿真模型的正确性及适用范围。得出结论如下:在密度小于0.160bic/m^{2}的状态下，自行车和电动自行车可以自由行驶，其可对应于混合非机动车流的自由流相状态，在该状态下，混合非机动车遵守一定的车道变道规则行驶，其速度-密度特性可由元胞自动车模型进行仿真；在密度大于0.300bic/m^2的状态下，非机动车整体在拥堵的状态下行驶，其可对应于混合非机动车流的饱和流相状态，在该状态下，电动自行车比自行车速度快的这一特性无法体现，两者的行驶特性基本相同，其速度-密度特性可由气体动力学模型进行仿真；在密度处于0.160～0.300bic/m^2的状态下，其可对应混合非机动车流的紊流相状态，在该状态下，非机动车流的运动并不严格按车道行驶，而是穿插行驶，同时，电动自行车的行驶还具有一定的自由空间，其比自行车速度要大的这一特性还是能够得到体现，其速度-密度特性无法用元胞自动机模型和气体动力学模型进行仿真。

最后，利用回归分析的方法，本章给出了混合系数为0.5的混合非机动车流的速度-密度分析模型，得到了不同密度状态下的速度-密度关系函数表达式。

第3章　信控交叉口混合非机动车交通特性

交叉口机非冲突是当前城市交通中交通事故发生的主要原因。随着电动自行车数量的快速增长,由于电动自行车在行驶速度、加速特性、制动性能和行驶轨迹等方面与自行车有着较大的差别,使得混合非机动车流在交叉口中的行驶特性更为复杂,而交叉口的机非冲突也因此而产生了与传统机非冲突不同的诸多问题。另外,根据非机动车的交通事故统计,近年来交叉口非机动车的交通事故主要发生在信号控制交叉口中[4],这是由于无信号控制交叉口中机动车和非机动车流量较少,非机动车基本可以利用机动车之间足够的车头时距而安全地通过交叉口,而信号控制交叉口虽然对机动车的通行进行了管控,但往往由于交通管控方式不合理,使得信号交叉口存在着较大的交通安全隐患。因此,本章将重点研究混合非机动车情况下两相位和四相位信号控制交叉口的机非冲突特性,提出相应的改进措施,以期提高交叉口非机动车行驶的安全性。

3.1　交叉口非机动车流运行特性数据提取方法

3.1.1　交叉口非机动车流特性数据

交叉口中非机动车流分为左转、直行和右转三股车流。右转车流由于在交叉口边缘处运行,运行距离较短,且一般不与机动车产生冲突,因此,本书不对其进行专门研究,而将非机动车的左转和直行车流作为研究重点。同时,针对本章的研究重点,本小节所指的交叉口非机动车流交通特性主要是指左转非机动车流在交叉口内部的行驶轨迹,以及左转非机动车流和直行非机动车流在交叉口内部的速度-密度特性关系。

研究交叉口非机动车流交通特性的前提是得到非机动车流在交叉口内部运行的相关特性数据，主要包括非机动车运行的轨迹点、非机动车在相关轨迹点的运行速度等数据。

3.1.2　交叉口的坐标体系

为精确地研究非机动车在交叉口中的交通特性，基本前提是需要得到非机动车在交叉口中运行时随时间而变的坐标位置，根据该坐标位置便可分析研究非机动车在交叉口中的运行轨迹、运行速度等相关特性。因此，建立平面交叉口的坐标体系显得极为必要。而对于一般的平面交叉口，若将两条相交的人行横道线的后端线延长后相交于一点，并将该点定为坐标原点，而将该两条人行横道的后端线相应地作为 x 轴和 y 轴，由此便可建立交叉口的二维坐标体系，如图 3-1 所示。

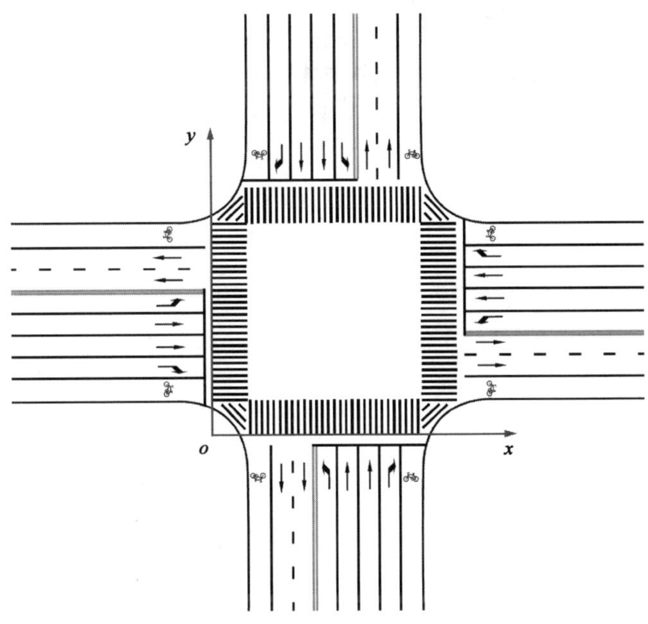

图 3-1　交叉口坐标体系示意图

同时，根据《道路交通标志和标线》（GB 5768—2009）中的相关规定，国内城市交叉口中的人行横道线都是以 1m 为间隔进行施画的,因此,每条人行横道线都可看作是 x 轴和 y 轴上的坐标刻度。

同时,若将交叉口中相对的人行横道线用直线相连,便会形成一个以 1m 为单位的正交型网格体系,由此便可方便地确定交叉口中每一点的坐标,如图 3-2 所示。

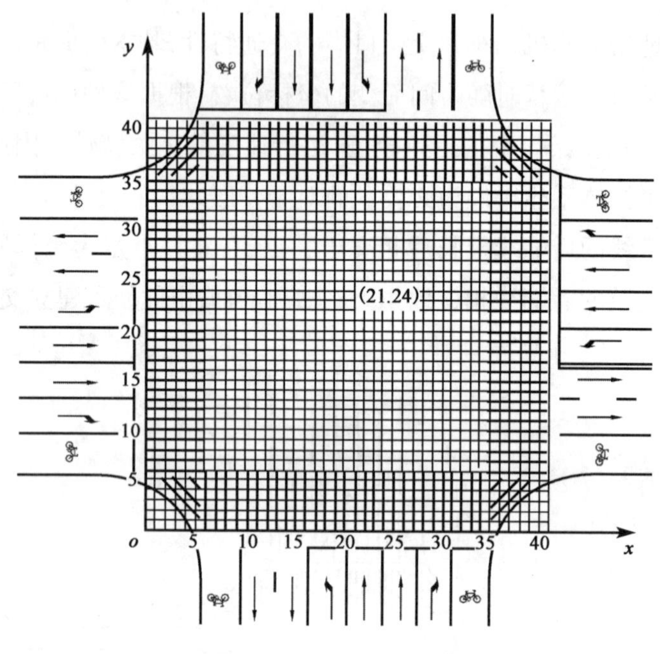

图 3-2　交叉口正交型网格体系

而对于不规则的交叉口,可以通过坐标变换的方式来建立相应的坐标体系。

3.1.3　视频坐标法

由于非机动车在交叉口内部运行没有明确的车道概念,同时,由于其行驶时摆动性较大且存在较为明显的超车情况,因此,其在交叉口内行驶特性数据的采集具有较大的难度,单纯采用现场观测往往很难取得理想的效果,国内外学者对此的研究也相对较少,且既有的相关研究成果基本集中于采用视频分析的方法来研究交通事故的相关数据。如陆玉凯等利用数字摄影测量技术,将数码相机照片通过畸变分析建立相机验校模型,再由此对事故中的相关车辆运行数据进行推算[45];王丰元等通过建立交叉口中交通事故摄影测量的二维分析模型,利用道路标线作为标定参考物,对事故相关车辆之间的距离进行了标定[46];唐阳山等提出了交通事故现场摄影测量的扩展两步相机标定方法,通过图像校正,提出了较为精确的交叉口车辆坐标测定方法[47];沈家军等根据交叉口的基本测绘信息,提出基于摄影测量的原理来计算交叉口中非机动车辆的运行坐标信息[48]。以上针对交叉口相关交通运行特性数据的采集方法虽然采集精度较高,但实际操作起来较为复杂,也较难实施,不便于大量基本数据的采集。因此,针对本书的研究内容,本书提出了“视频坐标法”,可极大地提高交叉口内非机动车行驶特性运行数据采集的便捷性和准确性。

对于研究的交叉口,首先于高空用摄像机拍摄一定时长的该交叉口交通运行情况的电子视频,再根据该交叉口的几何特性,选定某两条相交的人行横道线后端线作为交叉口的 x 轴和 y 轴,并通过视频软件将事先准备好的网格体系加载于交叉口视频之中,由此便建立整个交叉口的坐标体系,如图3-3所示。在此基础上,以1s为时间间隔,通过人工观测的方式,记录下每一时刻每一辆非机动车的坐标(以前轮触地点为准),由此便可得到单辆非机动

图3-3 视频坐标法示意图(示例取自宁波市环城西路—联丰路交叉口)

车的行驶特性以及非机动车群整体的行驶特性。这便是所谓的视频坐标法。

3.2 左转非机动车流行驶轨迹研究

3.2.1 左转非机动车流行驶轨迹点坐标的获取

为有效地反映非机动车流的整体运行情况，本书选用非机动车流量较大的交叉口进行研究，并进行相应的数据采集，以下以宁波市联丰路—环城西路交叉口为例进行分析。

联丰路—环城西路交叉口位于宁波市中心城区西部，为宁波市两条重要的主干路联丰路（东西向）和环城西路（南北向）的相交处，机动车流量和非机动车流量均较大，其中，非机动车流的混合系数 K' 为 0.5。该交叉口中东西进口道的展宽段宽度为 54m，南北进口道的展宽段宽度为 48m，以南进口人行横道后端线为 x 轴，西进口人行横道后端线为 y 轴建立坐标系，如图 3-4 所示。

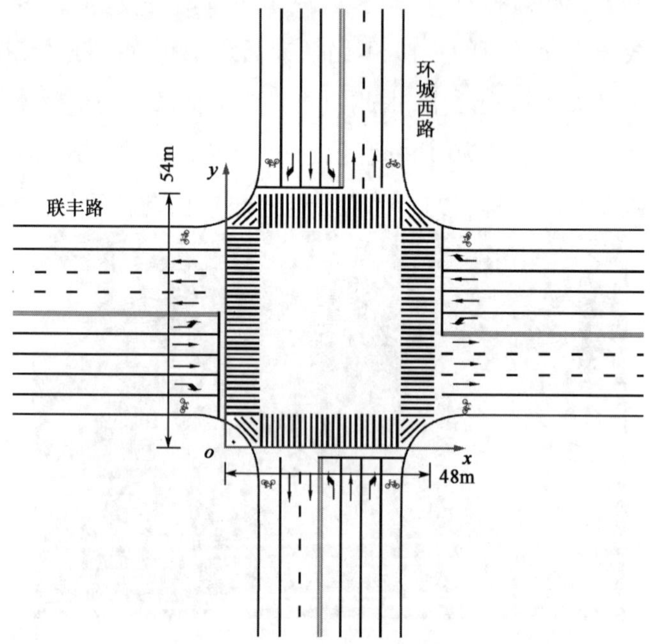

图 3-4 联丰路—环城西路交叉口坐标体系

于交叉口附近高楼处架设摄像机，拍摄得到晚高峰时交叉口的交通运行视频。在视频中加载网格坐标体系，并选用西进口的左转非机动车流进行研究。待西进口左转非机动车流稳定后，将视频暂停，如图 3-5 所示。再根据该视频截图和建立的坐标体系，记录下该时刻交叉口中每一辆左转非机动车的坐标数据（以前轮触地点为非机动车坐标的参考点），得到如表 3-1 所示的数据组。

图 3-5 左转非机动车流稳定后的视频截图

非机动车点位坐标列表 表 3-1

序号	x 轴坐标	y 轴坐标	序号	x 轴坐标	y 轴坐标
1	3	13	14	21	28
2	4	15	15	25	29
3	5	13	16	26	28
4	7	16	17	26	31
5	11	17	18	26	33
6	12	22	19	28	29
7	14	21	20	28	31
8	16	17	21	29	37
9	16	19	22	30	36
10	16	22	23	33	38
11	19	23	24	36	39
12	20	22	25	38	49
13	21	19	26	40	55

3.2.2 左转轨迹的函数表达式

根据表 3-1 所示的左转非机动车流的轨迹点坐标，并将其录入到该交叉口的坐标体系中，便可得到如图 3-6 所示的散点图。

为得到左转非机动车流的轨迹函数及轨迹特性，将散点数据进行回归分析，得到图 3-7 所示的二项式回归分析图。

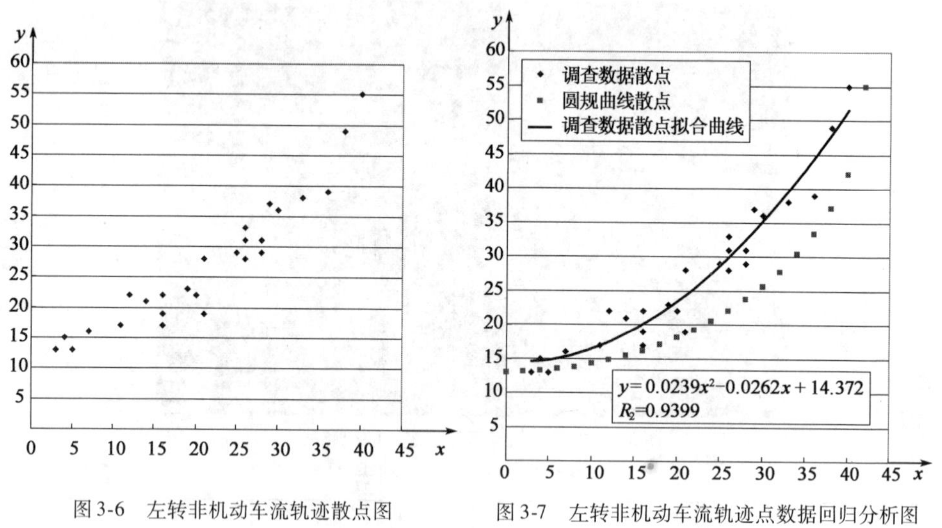

图 3-6 左转非机动车流轨迹散点图

图 3-7 左转非机动车流轨迹点数据回归分析图

由图 3-7 可得，交叉口中左转非机动车流的轨迹曲线可以用二次函数进行很好的刻画，且可通过回归分析得到相应的函数表达式。

同时，根据交叉口的几何特征，并借用所建立的坐标体系，可以得到西进口非机动车道中心线与北进口非机动车道中心线之间的圆规曲线函数（该交叉口中为椭圆曲线），并在图 3-7 中作出该圆规曲线，如图中的灰点所示。将左转非机动车流轨迹曲线与相应的圆规曲线进行对比分析，可以看出，**左转非机动车流在交叉口中的行进轨迹并不是按照圆规曲线行进的，而是在圆规曲线内侧，两者之间存在一定的偏差。**究其原因，一方面是因为非机动车在绿灯启亮后，其行驶方向并不与原非机动车道相切；另一方面，非机动车在交叉口内部的行进过程中，不断地追求最短路径，且由于其行动较为灵活，在行进过程中可不断地改变自身的行进方向,并不严格遵守物理学中的相关运动方程行进。以上两种因素导致了左转非机动车流在交叉口中的行进轨迹与一般物理学中的运动方程(可用圆规方程进行描述)存在一定的偏差,但可以用二次函数方程进行较为合理地描述。

3.2.3　左转轨迹函数中的相关参数

为将本书所研究的左转非机动车流轨迹函数进行推广应用,并使其适用于一般形式的交叉口,这就需要得到左转轨迹函数中相关参数与交叉口几何参数之间的对应关系,同时,需对一般形式的交叉口进行规格化处理。

在本书所建立的交叉口坐标系中,x 轴和 y 轴是沿着人行横道后端设置的。在该坐标系中,左转非机动车流的转弯起点往往要偏移 x 轴一段距离,即其 y 轴坐标不为零。结合实际观测,特别是针对四相位控制的交叉口,待直行的非机动放行完毕后,左转的非机动车基本上排满了整条非机动车停车线,因此,可以认为非机动车流整体的起点位于非机动车停车线的中点。故非机动车流起点偏移 x 轴的距离可表示为:

$$C_y = (m_x + p_x) + \frac{l_y}{2} \tag{3-1}$$

式中:C_y——非机动车流起点偏移 x 轴的距离,m,即为该点的纵坐标;

l_y——y 轴方向非机动车道宽度,m;

m_x——x 轴方向人行横道宽度,m;

p_x——x 轴方向人行横道退后路缘石的宽度,一般值为1m。

同时,结合实际观测,当左转非机动车流转入相交道路的非机动车道时,其车流分布基本集中于该非机动车道中线周边,即可认为非机动车流左转轨迹的终点位于转入非机动车道的中点,针对本书所建立的坐标系(图3-8),转入点的横坐标可以表示为:

$$F_x = L_x - (m_y + p_y) - \frac{l_x}{2} \tag{3-2}$$

式中:F_x——非机动车流轨迹终点的横坐标,m;

L_x——x 轴方向进口展宽段宽度，m；

l_x——x 轴方向非机动车道宽度，m；

m_y——y 轴方向人行横道宽度；

p_y——y 轴方向人行横道退后路缘石的宽度，一般值为 1m。

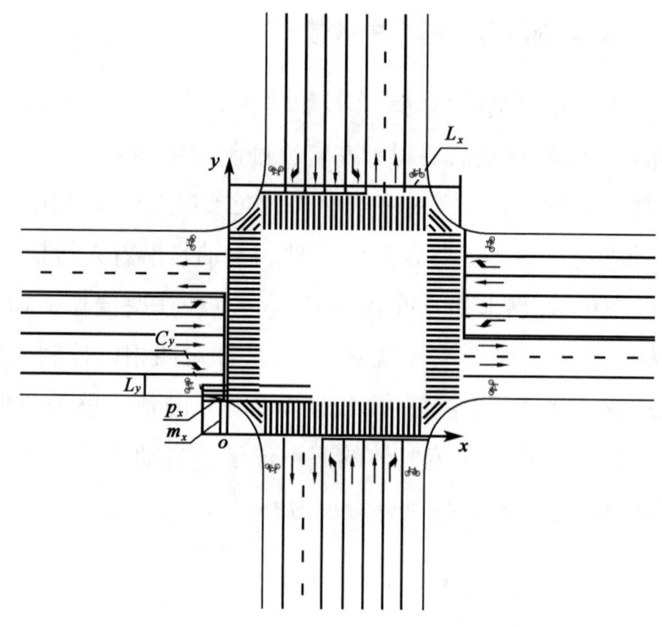

图 3-8　交叉口各参数示意图

对于交叉口的规格，主要通过 x 轴方向的展宽段长度（L_x）和 y 轴方向的展宽段长度（L_y）来表示，而对于左转非机动车流轨迹函数的基本表达式

$$y = ax^2 + bx + c \tag{3-3}$$

其中，$c = C_y$，可以由交叉口规格的几何参数基本确定，因此，需重点研究的参数即为 a 和 b。

根据以上的研究思路，笔者选择了南京市及宁波市两城市中非机动车流量较大、较为规整的交叉口进行交叉口左转非机动车视频信息的采集，得到交叉口基本参数 L_x、L_y 及非机动车流左转轨迹方程中参数 a、b 的数据如表 3-2 所示（为提高视频的利用率，同一交叉口均采集东西向及南北向两个方向的左转非机动车流数据)。

不同规格交叉口左转非机动车流函数相关参数统计表　　表 3-2

序号	L_x(m)	L_y(m)	a	b	R^2
1	48	54	0.023 9	-0.026 2	0.939 9
2	54	48	0.020 2	0.014 3	0.924 6
3	40	42	0.041 2	0.023 3	0.935 5
4	42	40	0.032 5	0.026 5	0.934 8
5	44	52	0.043 4	0.032 8	0.932 4
6	52	44	0.023 7	-0.025 4	0.916 8
7	36	38	0.052 1	0.043 6	0.932 8
8	38	36	0.042 8	0.038 4	0.955 7
9	40	44	0.045 8	-0.028 8	0.925 6
10	44	40	0.032 6	0.022 6	0.952 3

将式(3-3)进行简单的变换,得到

$$y = a\left(x + \frac{b}{2a}\right)^2 + c - \frac{b^2}{4a} \tag{3-4}$$

结合图 3-7 所示的左转非机动车流轨迹,在上式中,a 值是反映轨迹开口形状的重要参数,而 $b/2a$ 值则主要反映轨迹最低值点偏移 y 轴的大小,因此,对本书所研究的左转非机动车流轨迹而言,a 值显得较为重要。同时,从表 3-2 可以看出,在所测定的交叉口样本中,$b/2a$ 值基本上均为小于 0.5 的值,反映在实际交叉口中即表示轨迹最低点偏移 y 轴的值,相对于交叉口的几何尺寸而言,该值较小。因此,为简化问题且不影响问题研究的实质,本书将 $b/2a$ 视为一个较小的数,即在反映左转轨迹函数时可以将该值进行忽略。由此,可以得到简化的左转轨迹函数的一般表达式为:

$$y = ax^2 + c \tag{3-5}$$

在上式中,$c = C_y$,而当 $x = F_x$ 时,$y = aF_x^2 + C_y = L_y$,即 $a = (L_y - C_y)/F_x^2$。

综上所述,当交叉口几何尺寸中的相关参数(即 L_x、L_y、l_x、l_y、m_x、m_y)确定后,交叉口左转非机动车流的轨迹函数可表达如下:

$$y = ax^2 + c \tag{3-6}$$

其中

$$
\begin{cases} c = C_y & (3\text{-}7) \\ a = \dfrac{L_y - C_y}{F_x^2} & (3\text{-}8) \end{cases}
$$

3.3 混合非机动车流基本参数

3.3.1 饱和流率

类似于普通自行车饱和流率的定义[61]，可对混合非机动车流的饱和流率定义如下：进口道上一队连续的混合非机动车流能够通过停车线的最大流量[bic/(m·s)]。

在城市交通的高峰时段，当交叉口对应的绿灯刚起亮时，非机动车流一般以饱和流率进行释放。通过对相关交叉口非机动车进口道处进行观测，测取饱和通过的非机动车数和持续的时间，两者相除便可得到非机动车流的饱和流率。即：

$$
S_{非} = \frac{f_s}{Lt} \tag{3-9}
$$

式中：$S_{非}$——非机动车流的饱和流率，bic/(m·s)；

L——非机动车停车线宽度，m；

t——饱和流释放的持续时间，s；

f_s——t 时间段内所释放的非机动车总数，bic。

通过对宁波市环城西路—联丰路交叉口（主干路—主干路）、百丈东路—甬港南路交叉口（主干路—次干路）及翠柏路—体育场路交叉口（次干路—支路）等交叉口非机动车流释放特性进行观测，并分别对直行非机动车流和左转非机动车流进行观测。观测时，每个观测点安排三名观测人员，其中一名负责观测饱和流率的开始和终止时间，并负责将开始和终止时刻告诉另两名观测人员，另两名分别记录饱和流时间段内的自行车数量和电动自行车数量。

(1)左转非机动车流饱和流率

根据上述的观测方法,对交叉口左转非机动车流的饱和流率进行观测,得到的观测结果如表3-3～表3-5所示。

环城西路—联丰路西进口左转非机动车流饱和流率观测结果

(非机动车道宽4m) 表3-3

观测序号	饱和流持续时间(s)	自行车数量(bic)	电动自行车数量(bic)	饱和流率
1	8	15	20	1.08
2	10	19	25	1.11
3	9	17	21	1.05
4	10	20	23	1.08
5	7	14	17	1.10
…	…	…	…	…
14	9	17	22	1.09
平均值	—	—	—	1.09

由表3-3可得,该交叉口西进口左转非机动车流中,非机动车的混合系数为0.5,其饱和流率为1.09bic/(m·s)。

百丈东路—甬港南路南进口左转非机动车流饱和流率观测结果

(非机动车道宽3m) 表3-4

观测序号	饱和流持续时间(s)	自行车数量(bic)	电动自行车数量(bic)	饱和流率
1	8	11	15	1.10
2	7	9	14	1.08
3	7	11	13	1.13
4	6	9	12	1.09
5	8	14	14	1.15
…	…	…	…	…
16	8	12	14	1.08
平均值	—	—	—	1.12

由表3-4可得,该交叉口南进口左转非机动车中,非机动车的混合系数为0.5,其饱和流率为1.12bic/(m·s)。

翠柏路—体育场路东进口左转非机动车流饱和流率观测结果

（非机动车道宽 2m）　　表 3-5

观测序号	饱和流持续时间（s）	自行车数量（bic）	电动自行车数量（bic）	饱和流率
1	7	7	8	1.07
2	7	7	8	1.05
3	6	7	6	1.07
4	6	6	7	1.08
5	8	7	10	1.08
…	…	…	…	…
14	6	6	7	1.09
平均值	—	—	—	1.08

由表 3-5 可得，该交叉口东进口左转非机动车流中，非机动车流的混合系数为 0.5，其饱和流率为 1.08bic/（m · s）。

左转非机动车饱和流率的调查统计结果显示，针对混合系数 K 为 0.5 的非机动车流，其绿灯期间释放的左转饱和流率近似于一个定值，为方便起见，可取为 1.1。

（2）直行非机动车流饱和流率

根据相同的观测方法，对交叉口直行非机动车流的饱和流率进行观测，观测数据如表 3-6 ~ 表 3-8 所示。

环城西路—联丰路西进口直行非机动车流饱和流率观测结果

（非机动车道宽 4m）　　表 3-6

观测序号	饱和流持续时间（s）	自行车数量（bic）	电动自行车数量（bic）	饱和流率
1	9	20	24	1.21
2	9	15	27	1.18
3	11	25	26	1.16
4	10	23	25	1.21
5	8	17	23	1.26
…	…	…	…	…
13	11	26	28	1.22
平均值	—	—	—	1.21

由表3-6可得，该交叉口西进口直行非机动车流中，非机动车的混合系数 K 为0.5，其饱和流率为1.21bic/(m·s)。

百丈东路—甬港南路南进口直行非机动车流饱和流率观测结果

（非机动车道宽3m）　　表3-7

观测序号	饱和流持续时间(s)	自行车数量(bic)	电动自行车数量(bic)	饱和流率
1	11	15	24	1.18
2	13	22	24	1.17
3	8	13	17	1.23
4	9	15	18	1.24
5	11	19	21	1.21
…	…	…	…	…
14	11	16	24	1.2
平均值	—	—	—	1.23

由表3-7可得，该交叉口南进口直行非机动车中，非机动车的混合系数为0.5，其饱和流率为1.19bic/(m·s)。

翠柏路—体育场路东进口直行非机动车流饱和流率观测结果

（非机动车道宽2m）　　表3-8

观测序号	饱和流持续时间(s)	自行车数量(bic)	电动自行车数量(bic)	饱和流率
1	11	12	14	1.19
2	12	14	15	1.19
3	9	11	11	1.21
4	10	10	15	1.24
5	11	12	15	1.23
…	…	…	…	…
14	9	10	12	1.22
平均值	—	—	—	1.21

由表3-8可得，该交叉口东进口直行非机动车流中，非机动车流的混合系数为0.5，其饱和流率为1.22bic/(m·s)。

直行非机动车饱和流率的调查统计结果显示，针对混合系数 K 为 0.5 的非机动车流，其绿灯期间释放的直行饱和流率近似于一个定值，为方便起见，可取为 1.2。

(3)综合分析

结合以上两项调查结果的分析可知，直行非机动车流的饱和流率比左转非机动车流的饱和流率略大，这是由于直行车流的行驶轨迹为直线，左转车流的行驶轨迹为曲线，后者在启动时需要进行一定的转向行驶，故相比而言整体饱和流率略低。

同时，虽然电动自行车整体的启动速度比自行车的启动速度要大，但结合实际的观测，在绿灯初期，混合非机动车流以饱和流率的形式释放时，由于电动自行车和自行车混合在一起，释放时电动自行车行驶的速度受前后自行车行驶的速度影响较大，两者基本上是以自行车的行驶速度在行驶，据此可以判断，左转非机动车流和直行非机动车流的饱和流率与混合系数的相关性不大。

3.3.2 转换系数

对于特定的交叉口，其道路资源是有限的。机动车与非机动车之间的交通冲突即为道路资源的争夺的结果。科学合理的机非冲突管理便是从时间和空间上将有限的道路资源在机动车和非机动车之间合理分配。而要达成这一目的，必须比较自行车和机动车的道路使用效率，而其中的关键参数则是**非机动车转换系数**（将非机动车数量换算为标准机动车数量）。

由于非机动车与机动车的冲突主要发生在两相位机非混行交叉口，而对非机动车而言，冲突最严重的主要是左转非机动车流与机动车流之间的冲突，本书以这类交叉口为例测定左转非机动车的转换系数。针对左转非机动车流，与其产生交通冲突的主要是本向的直行机动车流和对向的直行机动车流。由于非机动车启动较快，与本向直行机动车之间的冲突持续时间一般较短，而与对向直行机动车之间的冲突时间则一般较长。因此，在分析左转非机动车的转换系数时，主要考虑非机动车与对向直行机动车之间的冲突。

对于左转非机动车流，当交叉口通过的左转非机动车数量较少时，左转非机动车流可利用直行机动车流的间隙通过交叉口而不会给直行机动车的通行造成很大影响，而当左转非机动车数量较大形成饱和流时，由于左转非机动车无法利用直行机动车流的间隙通过，形成的机非冲突将造成机动车较大的延误。

对于特定的交叉口，考虑到交叉口总体通行的时间资源相对固定，即在交叉口时间资源饱和的情况下，即冲突及延误较为严重时，绿灯期间通过的非机动车数量（转换成机动车数量）与对向直行机动车数量之和应相对固定。因此，本书提出如下的非机动车转换系数模型：

$$ax_1 + bx_2 + y = c \tag{3-10}$$

式中：a——自行车的转换系数；

b——电动自行车的转换系数；

x_1——绿灯期间内通过的自行车数量，bic；

x_2——绿灯期间内通过的电动自行车数量，bic；

y——绿灯期间内通过的对向直行机动车数量，pcu；

c——常数。

将式（3-10）转换可得：

$$y = -ax_1 - bx_2 + c \tag{3-11}$$

基于以上分析，针对某一两相位控制的交叉口，调查晚高峰交叉口冲突及延误严重的情况下，某一绿灯时间段内通过交叉口的左转非机动车数量和对向直行机动车数量，便可得到非机动车数量不同情况下的对向直行机动车数量。因此，本书选取宁波市体育场路—翠柏路交叉口、西湾路—翠柏路交叉口和范江岸路—育才路交叉口三个两相位控制交叉口，非机动车流量均较大，并于晚高峰时段进行调查。同时，为便于分析与研究，将调查数据按绿灯时间60s进行数据扩展，扩展后的调查数据如表3-9所示（表中的机动车流量为单车道机动车流量）。

交叉口非机动车转换系数调查数据　　表 3-9

自行车	电动自行车	机动车	自行车	电动自行车	机动车
12	13	9	9	10	11
10	12	10	11	12	9
8	12	11	12	12	9
12	13	9	11	8	10
10	12	11	12	13	10
11	13	10	12	15	9
15	11	9	13	14	9
11	13	9	11	11	10
11	13	9	11	13	9
11	12	10	9	11	11

将调查数据录入 SPSS 软件进行多元回归，分析结果如图 3-10 和表 3-11 所示。

ANOVA（方差分析表）　　表 3-10

模　型	平方和	df	均方	F	Sig.
回归	7.968	2	3.984	16.005	0.000
残值 1	4.232	17	0.249		
总体	12.200	19			

Coefficients（回归系数）　　表 3-11

模　型	非标准化系数		标准化系数	t	Sig.
	B	Std. Error	Beta		
(Constant)	15.613	1.116		13.991	0.000
VAR1	-0.354	0.078	-0.670	-4.514	0.000
VAR2	-0.164	0.079	-0.306	-2.060	0.055

根据回归模型的方差分析表中相关数据分析，该回归模型的 F 值为 16.005，显著性水平（Sig.）为 0.000，表明回归极显著。由此根据回归系数表中的数据可知，变量 VAR1 的回归系数为 -0.354，即自行车的换算系数 a 为 0.354；变量 VAR2 的回归系数为 -0.164，即电动自行车的换算系数 b 为

0.164；常数 c 为15.613。

在式(3-11)中，若 $x_1 = x_2 = 0$，则

$$y = c \tag{3-12}$$

上式表示无非机动车干扰下直行机动车道单车道的在60s内可通过的机动车数量。单车道机动车道理论通行能力按1 000pcu/h测算，则其在60s绿灯时间内可通过的车辆数为16.7，由调查数据回归得到的 c 值为15.6，两者基本吻合。

3.4 交叉口机非冲突特性分析

在交叉口的机非冲突中，右转非机动车与机动车之间不存在交通冲突，且其在交叉口内的运行距离较短，一般不受信号灯控制，其安全性相对较高。因此，本书重点研究交叉口中左转非机动车流及直行非机动车流的机非冲突特性。

一般平面交叉口主要有三种控制形式：无信号控制交叉口、两相位信号控制交叉口和四相位信号控制交叉口，其中无信号控制交叉口一般流量较小，相交路段的运行车速较低，机非冲突的严重性较低。因此，本书重点研究两相位信号控制交叉口和四相位信号控制交叉口中的机非冲突情况。

3.4.1 左转非机动车流机非冲突分析

1）两相位信号控制交叉口

（1）机非冲突类型

在机非冲突的相关研究中，"冲突角"是衡量机非冲突严重性程度的重要依据。所谓"冲突角"是指产生冲突的机动车与非机动车行驶方向间的夹角。根据冲突角的不同可对交叉口的机非冲突分为三种类型[59]，如图3-9所示。图中实线表示机动车行驶轨迹，虚线表示非机动车行驶轨迹。

①正向冲突

冲突角 $\theta \in [135°, 180°]$ 时称为正向冲突，主要表现为两冲突车辆以相

反的方向逼近，即车辆间产生车头与车头之间的冲突。

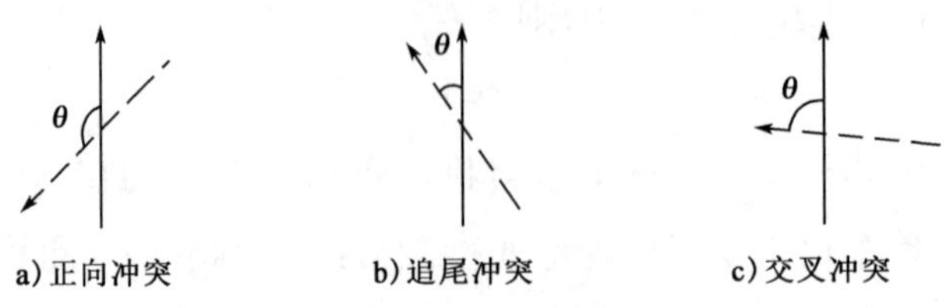

图 3-9　交叉口机非冲突类型

②追尾冲突

冲突角 $\theta \in [0°,45°]$ 时称为追尾冲突，主要表现为两冲突车辆以相同的方向相互逼近，即车辆间产生车头与车尾之间的冲突。

③交叉冲突

冲突角 $\theta \in [45°,135°]$ 时称为交叉冲突，主要表现为两冲突车辆以交错的方式相互逼近，即车辆间产生车头与车辆中部之间的冲突。

一般而言，正向冲突导致事故的可能性要大于追尾冲突和交叉冲突。

(2)冲突特性分析

在两相位交叉口中，由左转非机动车流引起的交通冲突是导致交叉口安全性和通行能力下降的主要因素。而与左转非机动车流产生机非冲突的机动车流主要为：本向右转机动车流、本向直行机动车流、对向直行机动车流和对向右转机动车流，如图 3-10 所示。

在以上四股存在机非冲突的机动车流中，本向右转机动车流、本向直行机动车流和对向右转机动车流与左转非机动车流之间的冲突均为追尾冲突，而对向直行机动车流与左转非机动车流之间的冲突则为正向冲突，因此其引发事故的可能性也越大，相关事故统计分析报告也已证明了这一点[57]。

(3)冲突分析模型

鉴于两相位控制交叉口中左转非机动车流对交叉口的交通安全性和通行能力的影响较大，为消除该影响，往往可以采取四相位信号控制、设置左转非机动车专用相位、非机动车二次过街等分流措施。但该类措施的制定需要具有一定的理论依据，因此，有必要建立一个采取分流措施的左转非机动车流量临界计算模型,即冲突分析模型,为以上管制措施出台的左转非机动车流的临界值提供理论计算值。

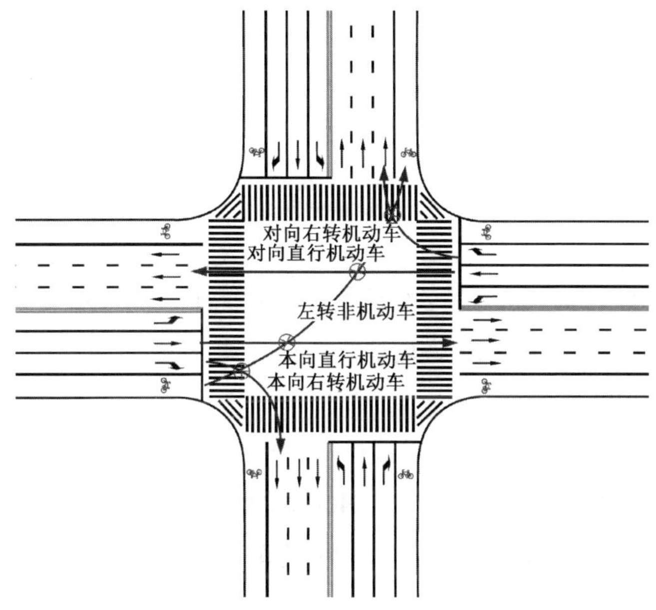

图 3-10 两相位交叉口左转非机动车流机非冲突分析

考虑到左转非机动车流与对向直行机动车流之间的交通冲突最为严重,因此,在冲突分析模型的研究中**以左转非机动车流与对向直行机动车流之间的机非冲突作为研究对象。**

在文献[56]和[60]中,均提出了两相位控制交叉口中自行车流单独控制的临界状态为:相同时间内通过交叉口冲突区的左转自行车数与通过同一区域直行机动车数(依据左转自行车数换算系数转化为直行机动车数进行比较)相等,并基于该理论建立了左转自行车流单独控制的理论计算模型。

针对混合非机动车流的运行特征,可以认为,在两相位控制交叉口中,混合非机动车流单独控制的临界状态也遵循该理论,即:在相同时间内通过交叉口冲突区的左转混合非机动车数与通过同一区域直行机动车数(依据左转混合非机动车数换算系数转化为直行机动车数进行比较)相等,但在相关参数的计算中,需遵循混合非机动车的相关特性进行确定。基于该理论,在确定的非机动车流混合系数下,可以建立两相位控制交叉口左转非机动车流单独控制的流量计算模型:

$$t = \frac{n_b}{S \times w} + \frac{l}{\bar{v}} \tag{3-13}$$

$$n_c = \frac{t}{\tilde{t}} \tag{3-14}$$

$$n_c = n_b \times k \tag{3-15}$$

式中:t——排队的左转非机动车尾车从停车线到通过冲突点所需时间,s;

n_b——绿灯初始时刻排队的左转非机动车数量,bic;

S——左转非机动车的饱和流率,bic/(s·m);

w——左转非机动车排队宽度,m;

l——左转非机动车流从停车线到冲突点的距离,m;

$\bar{v}$——左转非机动车流到达停车线的平均车速,m/s;

n_c——时间 t 内可以通过的不受干扰的直行机动车数,pcu;

$\tilde{t}$——直行机动车以饱和流率释放时的平均车头时距,s;

k——左转非机动车与机动车之间的转换系数。

由式(3-13)~式(3-15)可以得到左转非机动车流单独控制的临界值 n_k 为:

$$n_k = \frac{l}{\left(k \times \tilde{t} - \frac{1}{S \times w}\right)\bar{v}} \tag{3-16}$$

当左转非机动车的流量大于 n_k 时,需要通过设置左转非机动车专用相位、四相位信号控制或非机动车二次过街等方式对左转非机动车流进行单独控制。

由式(3-16)可以看出,对于确定的非机动车流混合系数及交叉口尺寸,其运行的轨迹方程确定,因此,左转非机动车流到冲突点的距离 l、左转非机动车流的饱和流率、左转非机动车流的停车线宽度、左转非机动车流的平均车速均已确定，故该流量临界值也是确定的。

(4)案例分析

本书以宁波市翠柏路—体育场路交叉口为例进行案例分析。通过对该交叉口的流量观测，得到该交叉口南进口的相关参数，并根据上述计算模型进行实例计算，计算结果如表3-12所示。

宁波市翠柏路—体育场路交叉口北进口观测数据　　表3-12

观测项目	观测数值
左转非机动车从停车线到与对向直行机动车冲突区的平均行驶距离 l(m)	17.2
该交叉口左转非机动车(混合系数取0.5)与机动车的转换系数 k	0.38
直行机动车以饱和流率释放时的平均车头时距 $\tilde{t}$(s)	1.7
左转非机动车的饱和流率 S[bic/(s·m)]	1.1
左转非机动车排队宽度 w(m)	2.0
左转非机动车从停车线到与对向直行机动车冲突区的平均车速 $\bar{v}$(m/s)	4.3

由以上观测数据计算可得，该交叉口南进口左转非机动车流进行单独控制的临界值为17辆。即当该交叉口南进口在绿灯初始时刻有17辆以上非机动车时便需对非机动车流进行单独控制。

2)四相位信号控制交叉口

在四相位信号控制交叉口中，左转非机动车流没有与其余车流存在直接的交通冲突。但在实际的非机动车流中，存在所谓的“膨胀效应”，而“膨胀效应”的存在，则会使左转非机动车流与同向的左转机动车流之间产生横向干扰，从而产生交通冲突。

(1)膨胀效应

非机动车在信号控制交叉口的运行特性表明其通过交叉口的过程为：红灯期间非机动车在停车线外聚集并形成排队，每辆非机动车的横向占用宽度一般在0.6m左右；绿灯启动后，聚集的非机动车起步加速通过停车线，排队的非机动车像流体一样从停车线外压缩至交叉口内，非机动车辆运行起来后，其横向间距要求增大，车流密度随着绿灯时间的持续而减小，车速逐渐提高，车流整体呈现扩散状态；这便是非机动车流的**膨胀效应**。

当膨胀效应明显时,在绿灯初期先行驶出的非机动车流将会对同向通行的机动车流产生横向干扰。因此,建立非机动车流膨胀效应的数学模型是四相位信号控制交叉口中定量分析左转非机动车流机非冲突的基础。

文献[62]中提出了膨胀度的概念,为对比分析混合非机动车流的膨胀效应与普通自行车流的膨胀效应之间的异同,本书亦引入膨胀度对混合非机动车流的膨胀程度进行定量描述。

根据流体力学中的流量守恒定律,在稳定流的情况下,非机动车停车线处驶出的非机动车流量与膨胀宽度最大处的非机动车流量应相等,而两者的流率则不同,因此,两者所对应的非机动车流宽度之比即为非机动车流的膨胀度。由此得到非机动车流的膨胀效应分析模型如下:

$$\eta = \frac{f}{\rho v} \tag{3-17}$$

式中:η——非机动车流膨胀度;

f——从停车线驶出的非机动车流率,bic/(m·s);

ρ——在膨胀宽度最大处的非机动车流密度,bic/m^2;

v——根据非机动车流的速度-密度关系式得到的非机动车速度,km/h。

对于膨胀宽度最大处非机动车流密度的测算,仍可采用视频坐标法中建立的交叉口坐标系进行测算,测算方法如图3-11所示。

图3-11中,A为非机动车的点位,P为密度测算的区域,则膨胀最大处非机动车流的密度为:

$$\rho = \frac{N_{\mathrm{A}}}{S_{\mathrm{P}}} \tag{3-18}$$

式中:N_{A}——测算区域内非机动车的数量;

S_{P}——测算区域的面积。

根据对宁波市和南京市左转非机动车流膨胀效应的观测,膨胀处非机动车流的密度基本上保持一个稳定的水平,约为0.15bic/m^2,根据式(2-15),对于混合系数为0.5的混合非机动车流,其对应的车速为12.8km/h,而根据上文研究,左转非机动车流的饱和流率为 1.1bic/s,由式(3-17)可得左转非机动车流膨胀度的理论计算值为 2.1。

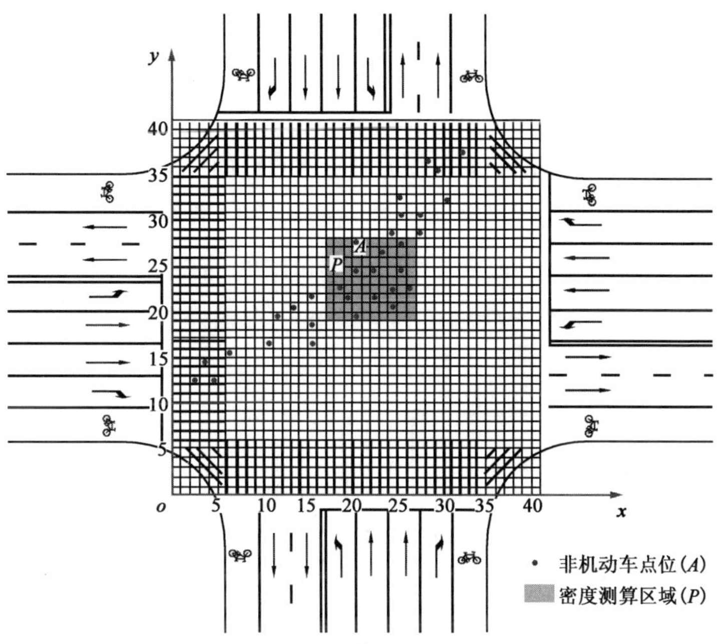

图 3-11 非机动车流膨胀最大处密度测算示意图

由式(3-17)所得的结果与文献[62]中所列的结果有所不同。这是因为文献[62]考虑的是纯自行车流的情况,车辆在驶出后超车现象不是特别明显,因此可以将膨胀度定义为膨胀宽度最大处的非机动车流横向间距与排队停车情况下的横向间距之比,尽管该定义存在较大的误差。而本书考虑的是混合非机动车流,由于电动自行车和自行车的速度不同,在非机动车流中存在较为明显的超车现象,因此,应将膨胀度定义为停车线处饱和流率与膨胀宽度最大处的流率之比,故本书的理论计算结果比文献[62]中所列的计算值要大,由此可见,在电动自行车混入的情况下,非机动车流的膨胀效应变得更为显著。

同时,结合观测结果,左转非机动车流膨胀宽度最大处一般位于左转非机动车流轨迹的中间区域,车流轨迹整体呈纺锤形分布,如图 3-12 所示。并且,在该运行轨迹中,电动自行车一般位于轨迹线的外侧,这是因为在轨迹线两侧所受干扰相对较小,可以获得更大的速度,速度较快的电动自行车通常会选择这种方式进行超车,这也就是混合非机动车流的膨胀效应高于一般自行车流的重要原因。

(2)机非冲突分析

在一般交叉口中,左转机动车基本遵循圆规曲线的轨迹行进,因此,可以将左转机动车转出进口道的外侧车道与转入出口道对应的车道用圆规曲线相连,便可得到左转机动车流的外侧轨迹包络线,而左转非机动车流沿膨胀效应的外侧划定包络线之后便可得到非机动车的左转行驶区域(理论计算值),如图 3-12 所示。

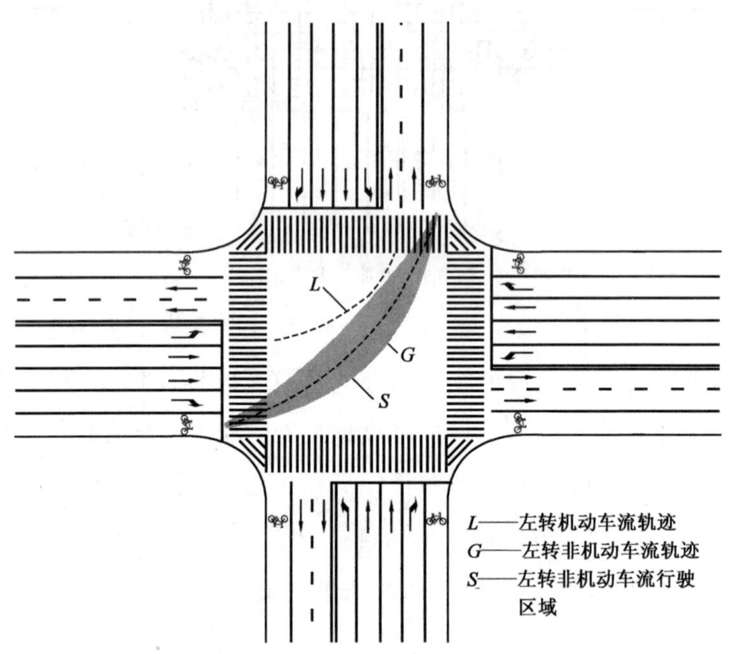

图 3-12 四相位控制交叉口左转非机动车流机非冲突分析

图中,若左转机动车流轨迹线 L 与左转非机动车流行驶区域 S 之间的最小间距小于 1.5m,则表示该交叉口左转机动车与左转非机动车之间的冲突较为严重,需对左转非机动车流进行单独控制,不得再与机动车流一起左转。

(3)案例分析

宁波市药行街与灵桥路交叉口位于宁波市核心区,交叉口渠化方式如图3-13所示。药行街与灵桥路在交叉口处的展宽段长度分别为40m和42m,非机动车道宽度平均约为3.5m。该交叉口采用四相位控制,晚高峰期间机动车和非机动车的流量均较大[58],非机动车随机动车左转信号一起左转,左转时机非冲突现象严重,并经常出现擦碰等交通事故[57]。

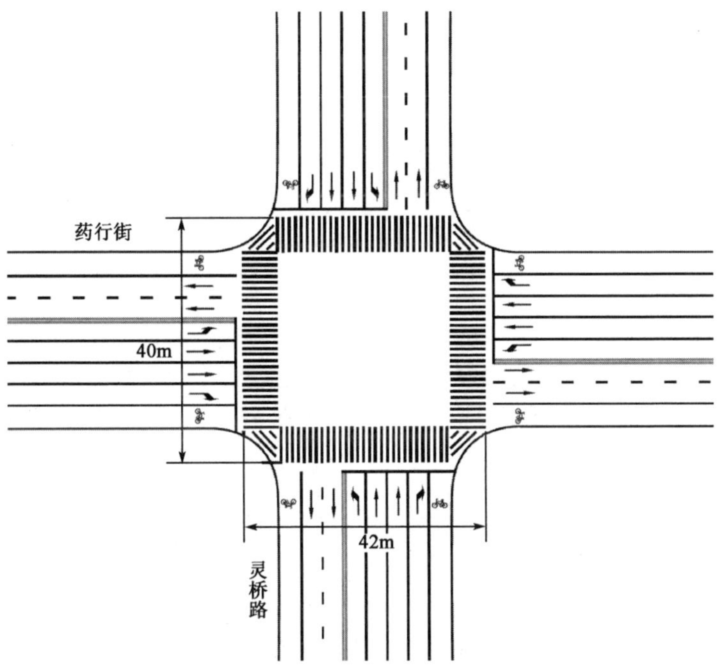

图3-13 宁波市药行街与灵桥路交叉口渠化图

根据本书提出的四相位控制交叉口机非冲突模型,以西进口左转非机动车流为例,对该交叉口的机非交通冲突进行研究。

将本交叉口的几何尺寸代入式(3-17),可得该交叉口西进口左转非机动车流的轨迹方程为:

$$y = 0.0325x^2 + 8.75 \tag{3-19}$$

将以上的左转轨迹画于图3-14,并将左转非机动车流的膨胀系数按2.1计算,画出非机动车流左右两侧的膨胀包络线。

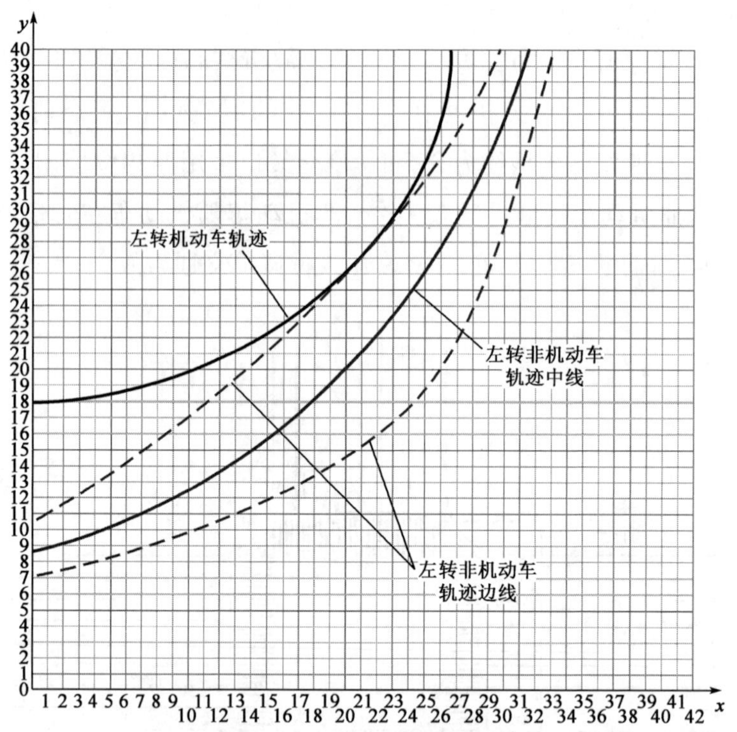

图 3-14　交叉口机非交通冲突分析图

左转机动车流的轨迹按圆规曲线进行分析，则该交叉口西进口左转机动车流的轨迹方程为：

$$\frac{x^2}{26.5^2}+\frac{(y-40)^2}{22^2}=1 \tag{3-20}$$

即

$$y=40-22\sqrt{1-\frac{x^2}{26.5^2}} \tag{3-21}$$

将左转机动车流的轨迹也画于图 3-14，由此得到该交叉口完整的机非交通冲突分析图。

从图 3-14 可以看出，左转非机动车流的左侧包络线与左转机动车流的轨迹线已经相交，据此可以判断该交叉口机非冲突已较为严重，这与实际观测情况一致。

3.4.2 直行非机动车流机非冲突分析

就直接的交通冲突而言，与直行非机动车冲突的主要为右转机动车，且已有较多的研究者对此进行了研究[63,64]。本书重点考虑间接的机非冲突，即因直行非机动车流的“膨胀效应”而引起的机非冲突。

1）膨胀效应

直行非机动车流产生膨胀效应的机理与左转非机动车流基本一致，研究方法也同样采用视频坐标法进行研究。

类似于图3-11的测算方法，直行非机动车流膨胀最大处的密度测算如图3-15所示，结合调查数据，直行非机动车流膨胀处的密度基本上保持在0.18bic/m^{2}左右，即$\rho=0.18\text{bic/m}^2$。因此，根据式(2-15)，对于混合系数为0.5的混合非机动车流，对应的车速为$v=10.9\text{km/h}$。

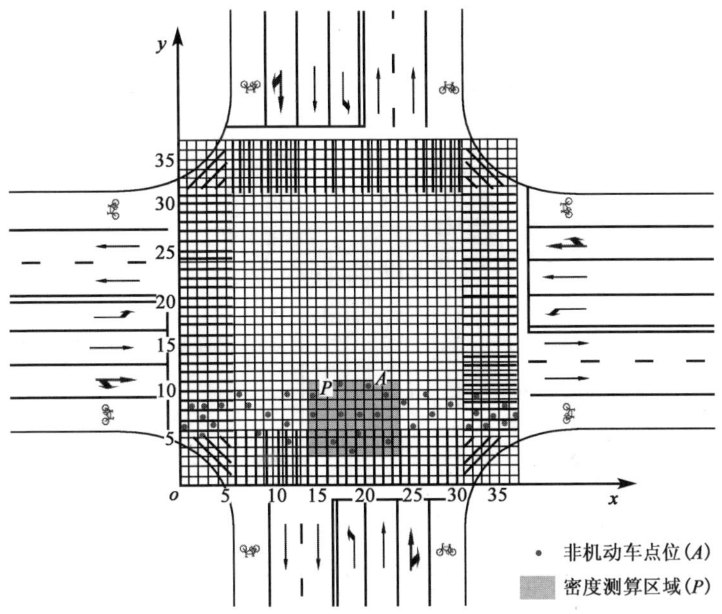

图3-15 直行非机动车流膨胀效应及密度测算示意图

同时，根据上文研究的结果，直行非机动车流的饱和流率为$f=1.2\text{bic/s}$，因此，由式(3-17)可得直行非机动车流膨胀度的理论计算值为$\eta=2.2$。由此可知,直行非机动车在交叉口过街横道上行驶时,其横向膨胀效应也较为明显。

2)机非冲突分析

(1)直行非机动车流行驶轨迹

直行非机动车流在交叉口进口道排队后,由进口道驶出,最终均将汇入交叉口对向的出口道,由于非机动车在行驶的过程中,往往追求最短路径进行行驶,因此,直行非机动车流整体的行驶轨迹可以认为是进口道中心线与对向出口道中心线之间的连线,如图 3-16 中的 K,此即为直行非机动车流的中心轨迹线。

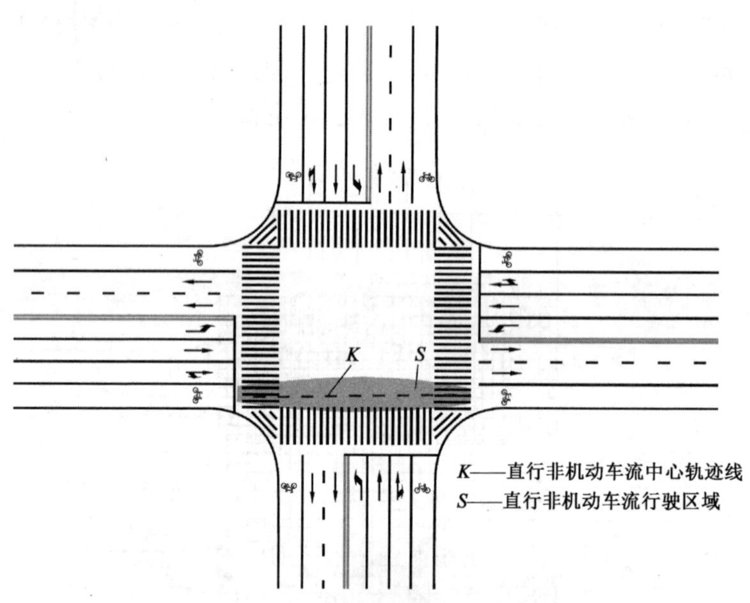

图 3-16　直行非机动车流行驶轨迹分析图

(2)膨胀最大处位置

为更好地研究直行非机动车流因膨胀效应而引起的与机动车流之间的交通冲突,需对直行非机动车流膨胀最大处的位置进行研究。为此,本书引入直行非机动车流过街通行区域长度的概念,即为非机动车进口道停车线与对向出口道端点之间的距离。

本书对相关交叉口直行非机动车流的行驶特性进行调查,得到直行非机动车流膨胀最大处的位置信息如表3-13所示。

直行非机动车流膨胀最大处的位置信息调查表　　表3-13

序号	过街通行区域长度(m)	膨胀最大处距起点距离(m)	膨胀最大处位置的分比值
1	36	21	0.59
2	42	29	0.68
3	32	21	0.65
4	28	18	0.64
5	30	18	0.61
6	32	20	0.63
7	36	23	0.65
8	38	24	0.62
平均值			0.63

由上表数据可以看出,直行非机动车流膨胀最大处一般位于过街通行区域中距起点0.63分比值的位置。这是由于直行非机动车流在停车线处由静止开始启动行驶,存在一个加速的过程,因此,膨胀最大处并不在过街通行区域的中点,而是适当往出口道处存在一定的偏移。

(3)机非冲突分析

设非机动车进口道宽度为L,则对于膨胀系数$\eta=2.2$的非机动车流,直行时膨胀最大处的整体车流宽度为$L_p=\eta L=2.2L$,其单侧偏离非机动车流轨迹线的宽度为$L_d=L_p/2=1.1L$。

对于直行机动车流而言,其外侧轨迹边缘线可以认为是进口车道外侧边线与对向出口车道外侧边线之间的连线,如图3-17中的G所示。设在直行非机动车流膨胀最大处,直行机动车流的外侧边线与直行非机动车流的中心轨迹线之间的距离为L_g,则当$L_g<L_d$时,即认为直行非机动车流与机动车流之间产生了冲突。

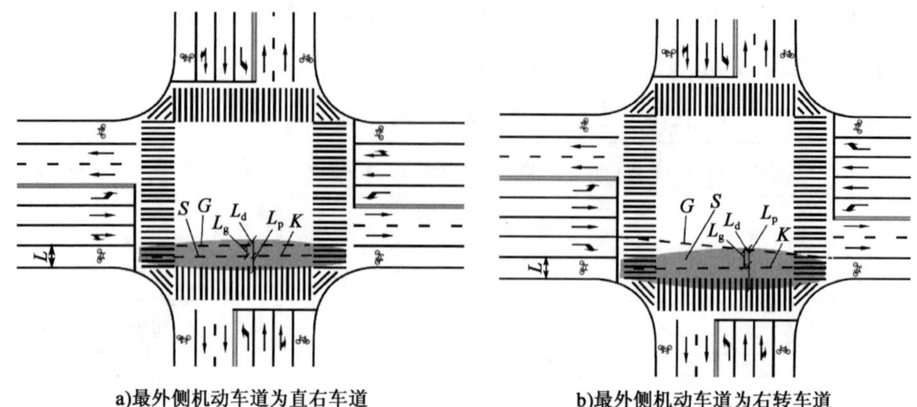

a)最外侧机动车道为直右车道

b)最外侧机动车道为右转车道

图 3-17　直行非机动车流机非交通冲突分析图

图中：L——非机动车进口道宽度；

K——直行非机动车流中心轨迹线；

S——直行非机动车流行驶区域；

G——直行机动车流外侧边线；

L_p——膨胀最大处宽度；

L_d——膨胀最大处偏移轨迹线宽度；

L_g——膨胀最大处中心轨迹线与机动车流外侧边线的距离。

(4)案例分析

宁波市清河路与清湖路交叉口位于宁波市江北区中马街道，交叉口渠化方式如图 3-18 所示。在近交叉口处，清河路和清湖路的展宽段长度分别为 38m 和 29m，非机动车道宽度平均约为 3.5m。该交叉口采用两相位控制，由于周边居住小区密集，晚高峰期间机动车和非机动车的流量均较大[58]，直行非机动车流于直行机动车流之间的干扰较大。

对于清湖路非机动车进口道而言，该进口道的宽度为 3.5m，直行非机动车流的膨胀系数取为 $\eta=2.2$，直行时膨胀最大处的整体车流宽度为 $L_p=7.7\text{m}$，其单侧偏离非机动车流轨迹线的宽度为 $L_d=L_p/2=3.7(\text{m})$。

将清湖路西进口直行非机动车流与直行机动车流置于图 3-19 的坐标体系之中，以此分析直行非机动车流与机动车流之间的冲突。

从上图可以看出，直行非机动车流外侧边线已与直行机动车流的外侧边线相交，据此可以判断该交叉口直行机非冲突已较为严重。

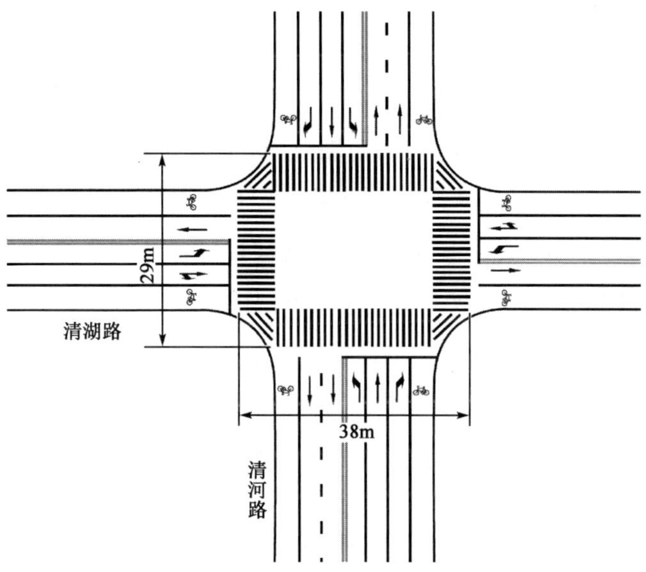

图3-18　宁波市清河路与清湖路交叉口渠化图

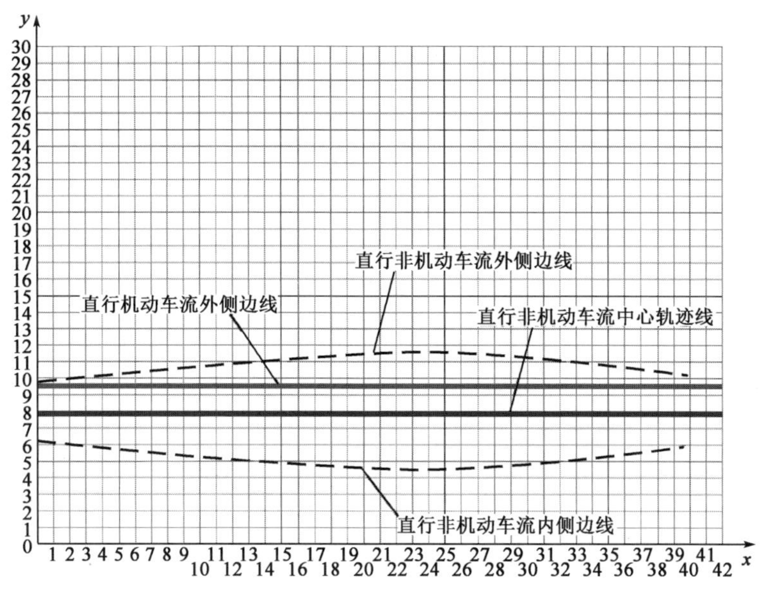

图3-19　交叉口直行机非交通冲突分析图

3.5 本章小结

本章首先研究并提出了交叉口非机动车行驶轨迹点数据采集的方法,即视频坐标法,并以交叉口的长度和宽度来标识交叉口的规格,采用视频坐标法对交叉口中左转非机动车流的轨迹点坐标值进行采集,得出不同规格的信号交叉口下非机动车流的左转轨迹方程,该轨迹方程为一般的二次函数方程而非圆规方程。在此基础上,以交叉口几何尺寸中相关参数为变量,得出轨迹方程中的各参数对于交叉口几何参数的函数表达式。

针对交叉口机非冲突特性的研究,在两相位控制交叉口中,本章首先通过交通调查,得到自行车和电动自行车在通过交叉口的时间分配上对于机动车的转换系数,再根据该转换系数,得出两相位交叉口中左转非机动车流进行专用信号控制的流量临界值;在四相位控制交叉口中,首先研究得到了左转非机动车流的膨胀效应,并建立了膨胀宽度与左转非机动车在停车线排队处宽度之间的关系,再根据左转车流因膨胀效应而与左转机动车之间所产生的干扰,得出四相位控制交叉口左转非机动车流单独控制的流量临界值。

第4章　机非软隔离路段混合非机动车交通特性

在当前的城市道路中,普遍存在机动车道与非机动车道共板且用标线分隔的路段,此即机非软隔离路段。机非软隔离路段普遍存在于城市两幅路和单幅路道路中。在机非软隔离路段中,由于机非之间没有物理设施进行隔离,非机动车往往会随着流量的增加而跨越标线从机动车道上进行超车,由此与机动车之间产生交通冲突,非但降低道路通行能力,同时也成为交通事故的隐患。机非硬隔离被认为是解决以上问题的有效方法。但增设机非硬隔离设施,一方面需要投入工程建设费用;另一方面也将影响道路景观;第三方面将影响平峰时段行人过街的便捷性。因此,极有必要对机非软隔离路段的非机动车交通特性及机非冲突特性进行充分研究,从交通冲突的角度确定设置隔离设施的判断阈值,具有理论与实践的双重意义。

4.1　非机动车越线行驶与路段机非冲突的关系

4.1.1　非机动车越线行驶的概念

非机动车越线行驶的情况往往仅存在于机非软隔离的路段。当非机动车流量较小时,非机动车基本上会遵守交通规则而在非机动车道上行驶,即非机动车与机动车是分道行驶的。但当非机动车流量较大时,原有的非机动车道不能满足非机动车自由、快捷行驶的需求,便要借助附近的机动车道空间进行行驶,非机动车往往会越过机非隔离线而在机动车道上超车或占道行驶,此即为**非机动车越线行驶**的情况。

4.1.2 非机动车越线行驶与路段机非冲突

路段机非冲突，也就是路段上机动车与非机动车这两个道路使用者之间的冲突。与交叉口机非冲突不同，路段机非冲突产生的情况相对比较单一。总体而言，路段机非冲突主要有两方面的原因，一种是因非机动车横穿道路而引起的横向上的机非冲突，一种则是因非机动车越线驶入机动车道而引起的纵向上的机非冲突。

相对而言，非机动车横穿道路的情况具有较强的人为主观性，且往往是非机动车驾驶人的个体行为，不具备整体交通流的特性，本书对比不作重点研究；而非机动车纵向上的越线行驶主要是由于非机动车道上非机动车流量过大而引起的，该类情况与非机动车道上的非机动车流量密切相关，具有较强的客观性，因此本书中路段机非冲突的研究主要以该类情况作为研究对象。

设存在一临界流量f_m，当非机动车流量小于f_m时，非机动车流整体将在非机动车道上行驶，在本书的研究中认为其不存在越线行驶的行为。当非机动车流量大于f_m时，非机动车流便存在越线行驶的需求，但该需求并不一定能得到释放，在相邻机动车道上机动车流的车头时距小于 T_B时，若非机动车驶入机动车道将产生极为严重的机非冲突，非机动车经过自身安全性判断后往往不会进入机动车道；而当机动车流的车头时距大于 T_B时，非机动车认为越线行驶是安全的，将以一定的概率进入机动车道，虽然进入机动车道时，机动车与非机动车之间的时距大于 T_B，不存在直接的机非冲突，但由于机动车的运行速度大于非机动车的运行速度，而越线后的非机动车由于原非机动车道流量较大而无法满足其自由行驶的需求，故其在机动车道上的行驶将持续较长的时间，随着时间的推移，机动车与非机动车之间的车头时距必会出现小于 T_B的情况，机动车将采取减速甚至停车的方式来避免机非冲突，因此，可以认为，非机动车进入机动车道便是发生了机非冲突。

4.2　非机动车越线行驶特性分析

4.2.1　宏观层面分析

非机动车越线行驶特性的宏观分析方法是指从非机动车流的速度、密度和流量等参数的角度，从宏观上对非机动车的越线车速、越线阈值、越线宽度等特性进行分析。

1）非机动车流越线行驶速度

从宏观上分析非机动车辆越线行驶时，认为当非机动车流量小于临界值时，非机动车流不存在越线行驶的情况；而当非机动车流量大于临界值时，非机动车流便会出现越线行驶的情况，且此时非机动车流为稳定和均匀的交通流。

非机动车越线行驶是与流量相关的常态情况，而越线行驶情况下自行车和电动自行车的行驶车速是进行非机动车流越线行驶相关特性研究的基础。笔者选取宁波市通途路（翠柏路—新芝路）、翠柏路（体育场路—西湾路）和育才路（环城北路—通途路）等路段的非机动车越线行驶时的行驶车速进行观测，观测方法采用虚拟线圈法，观测数据如表4-1和表4-2所示。

越线行驶情况下自行车行驶车速观测数据汇总表

（虚拟线圈间距：40m）　　表4-1

序号	行驶时间（s）	行驶速度（km/h）	序号	行驶时间（s）	行驶速度（km/h）
1	12.9	11.2	12	12.6	11.4
2	13.3	10.8	13	13.0	11.1
3	12.6	11.4	14	12.2	11.8
4	12.5	11.5	15	11.7	12.3
5	13.6	10.6	16	14.3	10.1
6	11.9	12.1	17	12.7	11.3
7	12.7	11.3	18	13.6	10.6
8	12.2	11.8	19	12.4	11.6
9	12.5	11.5	20	12.7	11.3
10	12.7	11.3	21	14.0	10.3
11	14.1	10.2	22	12.5	11.5

越线行驶情况下电动自行车行驶车速观测数据汇总表

（虚拟线圈间距：40m）　　表 4-2

序号	行驶时间（s）	行驶速度（km/h）	序号	行驶时间（s）	行驶速度（km/h）
1	8.8	16.3	12	8.8	16.3
2	8.6	16.8	13	9.0	16
3	9.4	15.3	14	9.5	15.1
4	8.5	16.9	15	8.8	16.4
5	8.7	16.6	16	9.1	15.8
6	8.9	16.2	17	9.4	15.3
7	8.7	16.5	18	8.4	17.2
8	9.4	15.3	19	8.8	16.4
9	9.2	15.6	20	8.7	16.6
10	8.9	16.2	21	8.6	16.8
11	8.9	16.2	22	8.9	16.2

将以上观测数据导入 SPSS 软件进行数据的基本统计分析，得到自行车的平均车速为 11km/h，电动自行车的平均车速为 16km/h，两者的标准差分别为 0.585 和 0.574。

因此，对于混合系数为 K 的非机动车流，其在越线行驶情况下的平均车速为：

$$V = 11(1-K) + 16K = (11+5K) \quad (\mathrm{km/h}) \tag{4-1}$$

其所对应的密度便可通过相应混合系数下的非机动车流速度-密度关系得到。对于本书所重点研究的混合系数 K 为 0.5 的混合非机动车流，其在越线行驶情况下的平均车速为 13.5km/h，对应的非机动车流密度为 0.15bic/m^2。

2）非机动车流越线行驶流量临界值分析

对于在非机动车道行驶的非机动车流，当其流量增大时，其对应的非机动车流横向宽度也将增大，直至车流整体溢出机非分隔线，此时便认为非机动车流出现了越线行驶的情况。而临界状态下，即为非机动车流横向宽度等于非机动车道宽度，见式（4-2）。

$$f_m = \rho_m v_m d \tag{4-2}$$

式中：f_m——非机动车流越线行驶临界流量，bic/h；

ρ_m——非机动车流越线行驶临界密度，bic/m^2；

v_m——非机动车流越线行驶临界速度，km/h；

d——非机动车道宽度，m。

由上一小节可知，对于混合系数为 K 的非机动车流，由式(4-1)所得的越线非机动车流速度即为越线行驶的临界速度 v_m，对应的临界密度 ρ_m 也可通过相应的速度-密度关系得到。例如，对于混合系数为 0.5 的非机动车流，其对应的临界速度 v_m 为 13.5km/h，对应的临界密度 ρ_m 为 0.15bic/m^2。因此，已知非机动车道宽度，便可通过式(4-2)计算得到相应的非机动车流越线行驶的临界流量，若非机动车流量大于该临界值，非机动车流将越线行驶。

以上分析是基于非机动车流的越线行驶不受机动车流影响的前提之下分析的，事实上当机动车流的车头间距较小时，非机动车流往往没有足够的安全距离插入机动车流而减小了越线行驶的可能性，但以上所分析的宏观层面非机动车流越线行驶临界情况表示了非机动车流越线行驶的一种需求。亦即对于没有设置机非硬隔离设施的非机动车道，当非机动车流量大于临界流量时，非机动车便有越线行驶的潜在可能。

3）非机动车流越线行驶宽度

对于流量为 f 的非机动车流，当该流量大于临界流量 f_m，且相邻的机动车流又有足够的安全距离允许其越线行驶，非机动车流整体的膨胀宽度为：

$$L = \left(\frac{f}{f_m}\right)d \tag{4-3}$$

则其越过机非隔离线之外的宽度为：

$$L' = \left(\frac{f - f_m}{f_m}\right)d \tag{4-4}$$

式中：L——非机动车流整体的膨胀宽度，m；

L'——非机动车流越过机非隔离线的宽度，m；

其余符号的含义同式(4-2)。

4.2.2 微观层面分析

上一小节所研究的非机动车流宏观层面越线行驶特性，是指从车流整体的角度对非机动车越线行驶的需求进行分析，是指非机动车流量超过临界流量后的一种整体越线行驶行为。而事实上，即便是非机动车流的流量未达到临界流量值，但由于混合非机动车流的情况存在，车速离散性较大，超车现象也较为明显，而超车往往需要越线进行超车，这也就存在一定的越线行驶行为。

越线超车往往需要两方面的前提，一是非机动车自身具有越线的需求；二是相邻的机动车流中存在较为安全的间距，便于非机动车超车。非机动车超车便是以上两种情况的综合，这便需要从概率的角度进行分析。因此，微观层面分析便是利用概率论的分析方法，提出混合非机动车流越线行驶特性的概率分析模型。

1）非机动车越线行驶需求的概率分析

到目前为止，对非机动车越线行驶的需求分析还未得到研究者的深入研究[67]。结合非机动车越线行驶的宏观层面分析，由式（4-3）可得，非机动车流的膨胀宽度与非机动车流的流量成正比，由此可以认为，在微观层面，非机动车个体越线超车概率的增量也与流量的增量成正比。

设非机动车越线行驶的概率分布函数 $F(f)$，而当非机动车流流量增加 Δf 时，其越线行驶的概率增加值为：

$$P(x \leqslant f + \Delta f \mid x \geqslant f) = k\Delta f + o(\Delta f) \tag{4-5}$$

式中：P——非机动车流越线行驶的概率密度函数；

f——非机动车流的流量；

k——参数；

$o(\Delta f)$——Δf 的高阶无穷小。

从上式可以得出：

$$P(x \leqslant f + \Delta f \mid x \geqslant f) = P[x \geqslant f, x \leqslant (f + \Delta f)]/P(x \geqslant f) = k\Delta f + o(\Delta f) \tag{4-6}$$

即

$$[F(f+\Delta f)-F(f)]/[1-F(f)]=k\Delta f+o(f) \tag{4-7}$$

两边乘以$[1-F(f)]$,再除以Δf,有:

$$[F(f+\Delta f)-F(f)]/\Delta f=[1-F(f)]k+[1-F(f)]o(f)/\Delta f \tag{4-8}$$

令Δf趋近于0,对上式两边取极限,又因为$o(\Delta f)$是Δf的高阶无穷小,所以有:

$$\mathrm{d}F(f)/\mathrm{d}f=[1-F(f)]k \tag{4-9}$$

并且有边界条件$F(0)=0$以及$F(\Delta f)-1\leqslant 0$,解以上微分方程,可得:

$$F(f)=1-e^{-kf} \tag{4-10}$$

上式即为非机动车越线行驶需求的概率模型,且服从负指数分布。

进一步分析可以知道,同样流量的非机动车流,在不同宽度的非机动车道上时,其越线行驶的概率也不尽相同,即宽度较大的路段上的非机动车流越线行驶的概率较低,反之则较高。而对于混合系数K确定的非机动车流,可用非机动车流越线行驶的临界流量值来表征所在非机动车道宽度的大小,因此,参数k的值与研究的非机动车流的临界流量有关。将式(4-10)进行适当变换,得到:

$$F(p)=1-e^{-hp} \tag{4-11}$$

式中:p——f/f_{m};

h——待定参数。

根据宏观层面的分析,当非机动车的流量达到临界值时,非机动车流整体具有越线行驶的需求,因此,上式实际上还隐含着一个边界条件,即当$p\to 1$时,$F(p)\to 1$。但由于此时的h为无穷小解,故无法得到h的解析解。

为得到参数h的值,笔者选取了几条非机动车流量小于临界流量,且越线行驶时受机动车流制约较小(即非机动车可以自由越线)的路段进行非机动车越线行驶的概率调查,得到结果如表4-3所示。

非机动车越线行驶概率调查数据汇总表　　表 4-3

非机动车流量	观测的非机动车辆数(辆)	越线的非机动车辆数(辆)	越线概率
0.67	243	204	0.84
0.23	282	118	0.42
0.87	323	281	0.87
0.45	350	266	0.76
0.43	422	300	0.71
0.77	264	216	0.82
0.76	366	307	0.84
0.56	342	246	0.72
0.64	412	354	0.86
0.69	298	244	0.82
0.85	325	302	0.93
0.37	367	239	0.65
0.95	423	385	0.91
0.92	387	360	0.93
0.73	435	378	0.87

注:表中的非机动车流量已折算成相对于临界流量的比值。

将式(4-1)进行一定的变换,得到:

$$\ln[1 - F(p)] = -hp \tag{4-12}$$

即若将 p 作为自变量,$\ln[1-F(p)]$ 作为变量,便可通过线性回归的方式得到参数 h 的值。因此,将表 4-3 中的数据进行线性回归,得到结果如图 4-1所示。

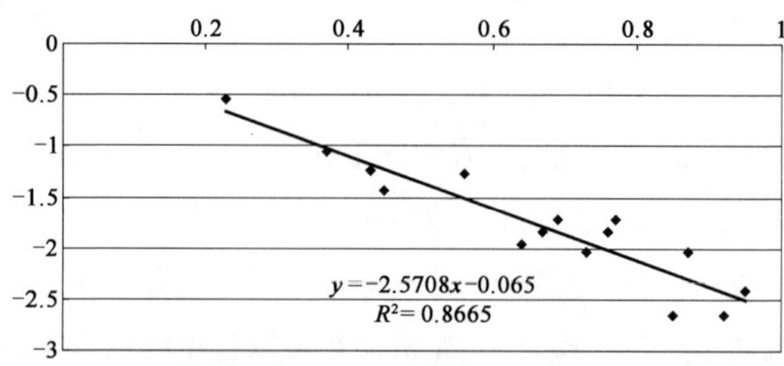

图 4-1　线性回归结果示意图

由上图可知,h 可取为 2.57。由于调查的非机动车流的混合系数为 0.5,此 h 值即为混合系数为 0.5 的非机动车流越线行驶概率模型中参数 h 的值,其余混合系数下的非机动车流的参数 h 可由类似的方法得到。

2)开区间出现次数模型

以上所分析的均为非机动车越线行驶的内在需求,但非机动车得以越线行驶的另一重要前提便是相邻的机动车道上具有足够的安全间距供其越线超车,而此安全间距即为本书所研究的**开区间**。

开区间出现与否是由非机动车来判断的,本质上是机动车流的车头间距(或车头时距)较小时,非机动车能够感受到机非冲突的压力,一般不会越线进入机动车道;而当机动车流的车头间距(或车头时距)大于某一值时,非机动车驾驶人便认为该宽度可满足其安全超车。相关交通冲突的研究表明[67],相对于车头间距而言,车头时距在交通冲突安全间距的判断中更具有紧迫性和准确性。因此,本书便采用车头时距作为判断开区间出现的依据,并当车头时距 $\tau \geqslant T_B$时,便认为机动车流中出现了开区间,其中,T_B为开区间出现的临界车头时距。

假设某时间段内、在长度为 L(km)的路段上,机动车到达观测地点的数量呈泊松分布,机动车流量为 Q_1(veh/h),平均速度为 V_1(km/h),机动车的车流密度为 K_1(veh/km)。开区间出现[时距为 τ(s)]的时间可以理解为:任意一个以速度 V_1行驶的机动车流,在时间 τ 内行驶的距离 l_0(km)中没有机动车出现的事件。因此,运用泊松分布函数,开区间出现的概率为:

$$P_0 = e^{-m} = e^{-\frac{Q_1 \cdot \tau}{3\,600}} \tag{4-13}$$

其中:

$$\tau \geqslant T_B$$

为得到非机动车越线行驶时对应的机动车流车头时距临界值,本书通过相应的交通调查进行研究。

(1)调查方法

对于调查的路段,首先通过相关调查方法测得该调查路段机动车的平均车速，然后于高空假设一台相机，并固定相机的视角和焦距，使相机专门对准某一区域进行拍摄，该区域内的路段间距通过实地测量得到，如图 4-2 所示。调查过程中，当出现非机动车越线超车时，便用相机拍下相应的照片，待调查结束后于室内整理计算照片上非机动车越线时的机动车车头时距。调查路段选用非机动车流量相对较大的路段，即非机动车具有较大的越线需求。

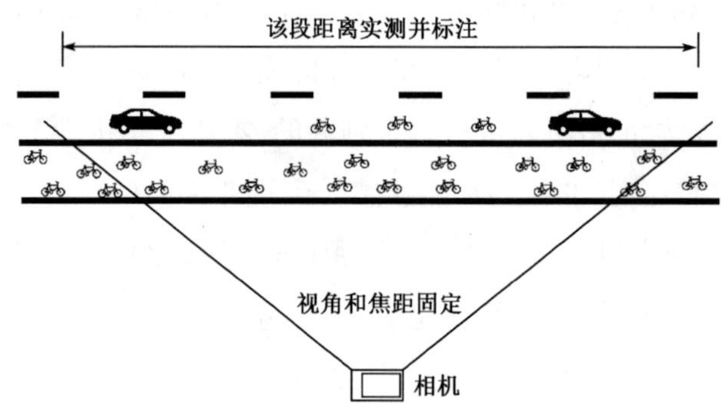

图 4-2　越线行驶调查方法示意图

(2)调查结果

根据上文所述的方法，选取晚高峰非机动车流量较大的路段(宁波市通途路和翠柏路)进行调查，在调查得到的 52 张越线行驶照片中，按越线行驶时不同的车头时距进行划分，得到统计数据如表 4-4 所示。

非机动车越线次数与机动车流车头时距对应表　　表 4-4

机动车流车头时距	非机动车越线次数	机动车流车头时距	非机动车越线次数
$\tau<2s$	0	$6s\leq\tau<8s$	12
$2s\leq\tau<4s$	3	$8s\leq\tau<10s$	22
$4s\leq\tau<6s$	5	$\tau\geq10s$	10

从上表可以看出，当车头时距 $\tau<6s$ 时，非机动车越线行驶较为困难，故越线次数较少；当车头时距 $\tau\geq6s$ 时，非机动车越线行驶便具有较大的安全间距，越线行驶次数明显增多。因此，可以将非机动车越线行驶时所需的机动车临界车头时距 T_B 定为 6s。

3)非机动车越线行驶的概率模型

综合以上分析可知，从微观层面而言，非机动车越线行驶主要基于以下两方面的因素:一是非机动车产生一定的越线行驶需求,概率函数表达式如式(4-11)所示;二是相邻的机动车流中产生开区间,概率函数表达式如式(4-13)所示。因此,非机动车越线行驶的概率模型整体可表示为:

$$H = F(p)P_0 = (1 - e^{-hp})e^{-\frac{Q_1 \cdot \tau}{3\,600}} \tag{4-14}$$

其中:

$$\tau \geqslant T_B$$

上式中,T_B可取为6s;特别地,对于混合系数为0.5的非机动车流,h可取为2.57。

4.3　路边障碍对非机动车行驶的影响

城市道路上,对非机动车正常行驶产生影响的路边障碍主要有两大方面:一是路边停车(包括违章停车和设置有合法停车位的停车);二是直线式公交站。不管是基于何种情况,路边障碍的出现均会对路段的非机动车流产生较大影响,往往会造成非机动车越线行驶状况的加剧,从而产生较大的机非冲突,甚至酿成事故。因此,针对路边障碍对非机动车行驶影响的研究,既能对路边交通设施设置的危险性进行充分的分析,也能从机非冲突的角度对路边交通设施设置的判断阈值进行量化研究,具有理论与实践的双重意义。

4.3.1　路边障碍的物理比拟

以下以路边停车为例进行分析。如图4-3所示,在路段L上,B处设置有一段路边停车带,从A处过来的非机动车流在行至B处时,为避开B处的机动车,势必向机动车外侧进行扩散,若扩散距离较大,便会出现非机动车的越线行驶情况。当非机动车驶过B处停车带后,将再次回落,如C处所示。

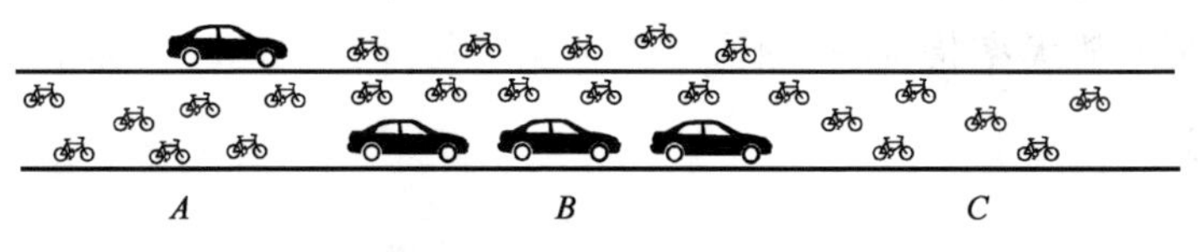

图4-3　路边停车路段

考虑到问题的对称性,在理论分析中,认为非机动车流 A 处与 C 处的运行状态基本相同,同时,非机动车流在 B 处外侧稳定行驶时,基本处于同一运行状态,但有别于 A 处与 C 处的运行状态。

若将非机动车流的运行状况与流体力学进行比拟,则该路段可比作水槽,非机动车流比作水槽中的流水,而路段的停车带则可视为水槽底的障碍物,如图 4-4a)所示。因为在 B 处行驶的车流处于同一运行状态,因此,为便于问题的讨论与求解,可以将 B 处的障碍物进行简化,抽象为一块平板,如图 4-4b)所示。

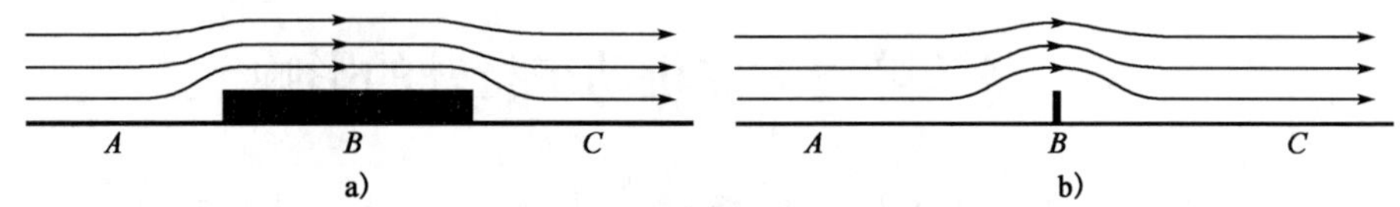

图 4-4　路边停车现象的流体力学比拟

4.3.2　障碍路段非机动车行驶特性建模

为将上文所讨论的流体力学比拟思想转换为路边停车路段非机动车行驶特性的分析模型,需要用到数学物理方法中的保角变换方法,以下先对保角变换的基本原理进行介绍,再利用该方法建立非机动车行驶特性的分析模型。

1)保角变换的基本原理

保角变换是指具有保角性和伸缩率不变性的数学变化,常用的保角变换方法主要有线性变换和幂函数变换[70]。

(1)线性变换

线性函数 $\zeta(z)=az+b$(a 和 b 是复常数)的导数 $\zeta'(z)=a$ 是常数。也就是说,长度放大率是常数,图形的各个部分按同样比例放大而形状不变。

事实上,

$$\zeta(z)=az+b=a\left(z+\frac{b}{a}\right)=|a|e^{i\arg a}\left(z+\frac{b}{a}\right) \tag{4-15}$$

这样可以分解为：

$$z_1 = az + b, z_2 = e^{i\arg a} z_1, \zeta = |a| z_2 \tag{4-16}$$

从 z 平面到 z_1 平面，图像作为整体进行平移，位移矢量对应于复数 b/a；从 z_1 平面到 z_2 平面，图像绕原点旋转 $\arg a$；从 z_2 平面到 ζ 平面，图像放大到 $|a|$ 倍。形状确实保持不变，或者说，线性变换只是把图像变为它的相似形。

图像在线性变换下保持形状不变，因此线性变换若单独使用，对于研究平面场并无帮助。但线性变换跟其他保角变换联合使用则可起到较好的效果。

（2）幂函数变换

幂函数 $\zeta(z) = z^n$ 的导数为 $\zeta'(z) = nz^{n-1}$。在原点，导数 $\zeta'(0) = 0$，交角并不保持不变。事实上 $\arg\zeta = \arg(z^n) = n\arg z$，这就是说，在原点的交角放大 n 倍，而在原点以外任一有限远点，交角保持不变。

同理，$\zeta(z) = \sqrt[n]{z}$ 表示在原点的交角缩小 $1/n$ 倍。

2）模型的建立

为方便建模和计算，在图 4-4b）所示简化模型中，以 B 点为原点，BC 方向为 x 轴方向建立坐标系，且将该坐标系所处的平面定义为 z 平面，并设停车带宽度即障碍物的高度为 h，如图 4-5a）所示。

作变换[70]：

$$z_1 = z^2 \tag{4-17}$$

这样，槽底障碍物所处的直角便加倍成为平角（即 π），如图 4-5b）所示。这样，整个水槽底加上竖立的薄片变为平面的实轴上从 $-h^2$ 经原点向 $+\infty$ 去的割线两岸，问题便得到了简化。为了将 z_1 平面的割线端点移至原点，作变换：

$$z_2 = z_1 + h^2 \tag{4-18}$$

这样，割线端点便移到了原点，如图 4-5c）所示。

割线两岸可以说是夹角为 2π 的两根直线，作变换：

$$\xi = \sqrt{z_2} \tag{4-19}$$

夹角变为原来的1/2，等于 π，割线两岸成为 ξ 平面的实轴，如图 4-5d）所示。

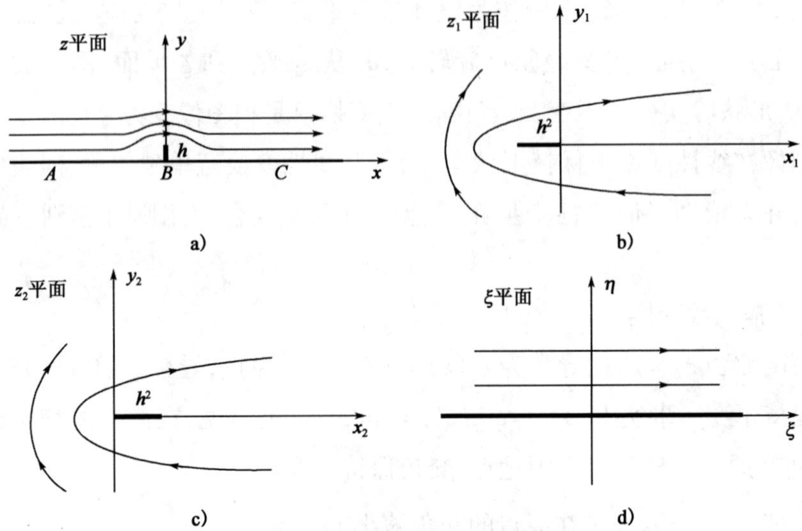

图 4-5　流体力学模型的数学变换

为方便模型的建立，借鉴物理学中的一般方法，此处引入速度势的概念。在该概念下，速度视为矢量，速度势即为速度矢量所对应的势。因此，ξ 平面上的速度势 u 为：

$$\xi = C\xi = \mathrm{Re}(C\xi) \tag{4-20}$$

其中 $\mathrm{Re}(C\xi)$ 即为 $C\xi$ 的实数部分。故：

$$\begin{aligned} u &= \mathrm{Re}(C\sqrt{z_2}) = \mathrm{Re}(C\sqrt{z_1 + h^2}) = \mathrm{Re}(C\sqrt{z^2 + h^2}) \\ &= \mathrm{Re}[C\sqrt{(x^2 - y^2 + h^2) + i\cdot 2xy}] \\ &= C\sqrt{\frac{(x^2 - y^2 + h^2) + \sqrt{(x^2 - y^2 + h^2)^2 + 4x^2y^2}}{2}} \end{aligned} \tag{4-21}$$

至于在各点的流速 v 可以从下式得出：

$$v = \nabla u \tag{4-22}$$

特别地，在远离障碍处，即 $x \to \infty$，则此时 $u = Cx, v = \nabla u = C = v_0$。在障碍

所在处，$x \to 0$，且我们只关心水平方向的非机动车流速度，因此，可将式(4-22)简化为：

$$v = v_0 \frac{y}{\sqrt{y^2 + h^2}} \tag{4-23}$$

4.3.3　路边停车对非机动车行驶的影响

对于所研究的非机动车流，设非机动车道的宽度为 L（单位为 m），非机动车流量为 f，初始速度为 v_0，对于确定的混合系数，该非机动车流对应的密度为 ρ_0，故 $f = \rho_0 v_0 L$。由于路边平行式停车位的宽度一般为 2m，则路段在设置停车位后剩余的非机动车道宽度为 $L' = L - 2$。考虑到 L' 处外侧的非机动车流至少占据一个车道的位置，便取该车道的中间位置作为该段非机动车流的平均速度，即在式(4-23)中，取 $y = 3$，由此可得在停车带外侧的非机动车流平均速度为：

$$v' = 0.83 v_0 \tag{4-24}$$

对于确定混合系数的非机动车流，在得到 L' 段内的平均速度 v' 后，也可求得对应的密度 ρ'，由此可得该处非机动车流的宽度为：

$$d = \frac{f}{\rho' v'} \tag{4-25}$$

因此，若 $d > L'$，则非机动车流将越过机非隔离线而驶入机动车道，即此时的路边停车对非机动车的安全行驶产生了较为严重的影响。

4.3.4　直线式公交站对非机动车行驶的影响

直线式公交站对非机动车行驶的影响与路边停车情况类似。其中，直线式公交站在公交车进站后，所占用的横向宽度一般为 3m，此时，非机动车道剩余的宽度仅为 $L' = L - 3$，同时，在考虑非机动车流的平均速度时，取 $y = 4$，则可得公交站外侧的非机动车流平均速度为：

$$v' = 0.77 v_0 \tag{4-26}$$

从上式可以看出，直线式公交站对非机动车行驶的影响要大于路边停车

所产生的影响。同样,对于确定混合系数和确定流量的非机动车流,也可得公交站外侧非机动车流的宽度为:

$$d = \frac{f}{\rho' v'} \tag{4-27}$$

因此,若 $d > L'$,则非机动车流将越过机非隔离线而驶入机动车道,即此时的直线式公交站的设置对非机动车的安全行驶产生了较为严重的影响。

4.4 本 章 小 结

本章首先分析了路段机非冲突的定义、严重性判别和机非冲突测量距离的计算方法,在此基础上,分析研究了开区间的出现次数模型,并利用第 2 章的相关研究成果,一方面从宏观层面提出了非机动车越线行驶的临界流量判别模型,进而提出路段机非冲突的分析模型;另一方面从微观层面提出了非机动车越线行驶的概率模型和路段机非冲突的概率模型。最后,本章利用流体力学中的保角变换原理,分析研究了路边停车位设置后对非机动车流运行影响的定量分析模型,并从避免机非冲突的角度提出了路边停车位设置的可行性条件。

第 5 章　非机动车驾驶人交通行为安全性评价

前几章主要研究了混合非机动车流的速度-密度特性及其在交叉口和路段上的基本交通特性和交通冲突程度,即从宏观层面研究了不同状态下的混合非机动车流在交叉口和路段的交通安全性水平。同时,非机动车作为一种交通工具,其驾驶人自身的交通行为对非机动车的交通安全性也具有较大的决定作用,从微观层面研究驾驶人交通行为的安全性也是非机动车交通安全性研究的重要内容。而掌握非机动车驾驶人交通行为的安全性,得到相应的定量评价值,更是交通管理部门亟须得到的结果。因此,本章首先将建立宏观交通流交通冲突程度与微观交通行为交通安全性之间的关系,再从微观层面,建立非机动车驾驶人的交通行为安全性评价体系。

5.1　宏观交通流与微观交通行为之间的关系

5.1.1　两者关系分析

非机动车驾驶人个体的微观交通行为构成了非机动车流整体的宏观交通特性,因此,两者之间是一种个体与整体之间的关系,即非机动车驾驶人微观交通行为的安全性可以通过宏观非机动车流与机动车流之间的交通冲突程度来进行评价。在此基础上,若要评价非机动车驾驶人的交通安全性水平,则可根据其产生的交通行为特性和可能性进行整体评价。以上关系可用如图 5-1 所示的框图进行表示。

5.1.2　交通流机非冲突类型划分

非机动车流的机非冲突是非机动车驾驶人不安全交通行为所造成的

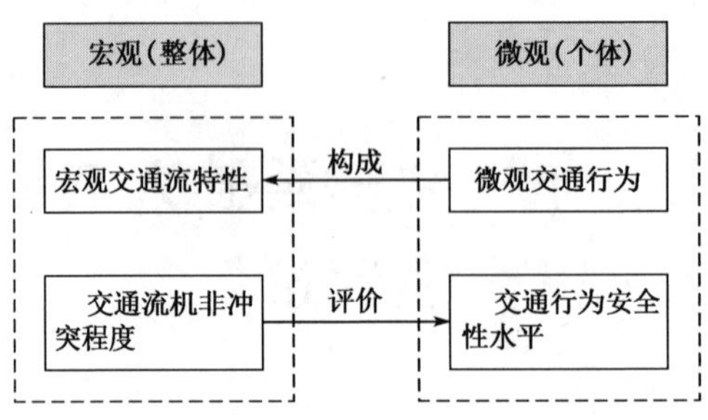

图 5-1　宏观交通流与微观交通行为之间关系分析框图

直接后果,根据之前两者之间关系的分析,若要评价非机动车驾驶人交通行为的安全性,则需先对各类交通行为所产生的宏观交通流机非冲突程度类型进行划分,以此对非机动车驾驶人的交通行为安全性进行量化分析与评价。

根据本书前几章的研究内容和日常的交通冲突观察,非机动车流的机非冲突类型可从交叉口和路段两个方面进行分析。

1)交叉口

交叉口中机非冲突类型基本上可以分为三类:第一类是由于非机动车违反交通规则,如闯红灯等行为,由此直接造成的机非交通冲突(简称为交叉口直接机非冲突);第二类是非机动车在左转的过程中,由于超车和车流膨胀而引起的机非冲突(简称为交叉口左转膨胀机非冲突);第三类是非机动车在直行的过程中,由于超车和车流膨胀而引起的机非冲突(简称为交叉口直行膨胀机非冲突)。

2)路段

路段中机非冲突类型基本上可以分为两类:第一类是由于非机动车违反交通规则,如随意横穿马路等行为,由此直接造成的机非交通冲突(简称为路段直接机非冲突);第二类是对于机非没有进行物理设施隔离的路段,由于非机动车超车和车流膨胀,越线进入机动车道而引起的机非冲突(简称为路段越线机非冲突)。

3)冲突等级划分

为在后文中充分评价非机动车交通行为的安全性,首先需对宏观交通流机非交通冲突的等级进行划分和量化研究,并用安全性这一指标进行评价。为使各类交通冲突情况的安全性水平指标的获取更为科学,本书采用专家打分法对该指标进行量化研究,综合考虑机非冲突的冲突角度、车流稳定程度、视角、视距等因素,按安全性水平由低到高进行1~5的量化打分,得到结果如表5-1所示(共收集25名专家样本)。

各类冲突的安全性水平量化值　　表5-1

冲突类型	安全性水平量化值
交叉口直接机非冲突	2.2
交叉口左转膨胀机非冲突	3.8
交叉口直行膨胀机非冲突	4.4
路段直接机非冲突	2.6
路段越线机非冲突	3.2

5.1.3 交通行为产生机理及危险程度之间关系

根据上文,从交通行为造成的直接后果方面分析,可以将交通行为所造成的宏观交通流机非冲突分为5种类型,表征的是非机动车驾驶人某类交通行为的危险程度;而从交通行为产生的内在因素方面分析,本书将其分为意识性交通行为、习惯性交通行为和受激性交通行为3类行为,表征的是微观交通行为产生的机理。其中,意识性交通行为是指该类行为是由于非机动车驾驶人交通安全意识淡薄或交通法规认知不足而引起的交通行为;习惯性交通行为是指非机动车驾驶人已经成为习惯的某些交通行为;受激性交通行为是指非机动车驾驶人因受外界某些干扰和影响而引起的交通行为。交通行为及其产生机理和危险程度之间的关系如图5-2所示。

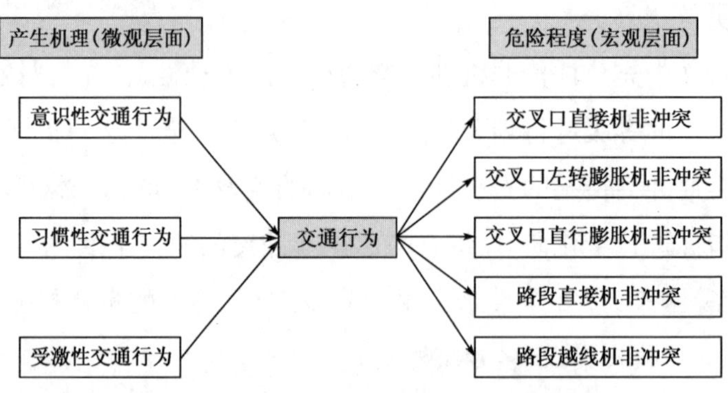

图5-2　交通行为及其产生机理和危险程度之间关系图

5.2　非机动车驾驶人交通行为安全性评价指标

5.2.1　评价指标的获取

1)评价指标分类

综合分析非机动车驾驶人的知识机构、心理特征和行为特征,可将非机动车驾驶人交通行为安全性评价指标分为一级指标和二级指标。其中,一级指标即为:意识性交通行为、习惯性交通行为、受激性交通行为。其所对应的二级指标如下:

(1)意识性交通行为

意识性交通行为是指非机动车驾驶人因交通安全意识和法规缺乏而引起的交通行为,其二级指标可分为:①安全意识缺乏类行为;②交通法规缺乏类行为。

(2)习惯性交通行为

习惯性交通行为是指非机动车驾驶人的一种习惯性非安全的交通行为,其二级指标可分为:①弱化控制能力类行为;②弱化判别能力类行为;③存在直接冲突类行为。

(3)受激性交通行为

受激性交通行为是指非机动车驾驶人在特定情况下所产生的非安全的

交通行为,其二级指标可分为:①受他人影响类行为;②受自身影响类行为;③受天气影响类行为;④受环境影响类行为。

2)评价指标获取方法

评价指标的获取采用一般的问卷调查的方式进行,而调查问卷的编制可借鉴普通量表的编制方法,其主要由编拟预试问卷、预试、整理问卷与编号、项目分析、因素分析、信度分析和再测信度等部分构成[69]。

(1)编拟预试问卷

编拟预试问卷是指根据研究目的,参考相关资料,编制出适合于本研究课题的问卷,但是该问卷只是初步的设计成果,需要通过后续的步骤进行检验与调整。

问卷编制时采用李克特式量表法进行编制。

(2)预试

预试问卷编制完成后,需进行预试,以检验问卷的合理与否。预试对象的性质应与将来正式问卷要抽取的对象性质相同。

(3)整理问卷与编号

通过对问卷的预试,对预试问卷进行回收,并删除数据不全或不诚实填答的问卷。筛选完后对问卷加以编号,以便将来核对数据之用;之后再给予各变量、各题项一个不同的代码,并根据问卷内容,有顺序地键入计算机。

(4)项目分析

项目分析的目的在于求出各测试题项的"决断值"(Critical Ratio,简称CR值),其求法是将所有应试者在预试量表的得分总和依高低排列,以测验总分最高的27%及最低的27%作为高低分组的界限,若CR值达显著水准(<0.05或<0.01),即表示该题项能起到良好的鉴别效果。

(5)因素分析

因素分析的目的为检验量表的建构效度,而建构效度是指测试量表能测量某一概念或特质的程度。因素分析的目的在于找出量表内部各测试题项的相关度,减少题项数,使整体量表中测试题项较少而彼此相关较大,是一种

"探索性的因素分析方法"。

(6)信度分析

所谓信度分析,就是分析测试量表的可靠性或稳定性,常用的信度检验方法为 L. J. Cronbach 所创的 α 系数,其公式为:

$$\alpha=\frac{K}{K-1}\left(1-\frac{\sum S_i^2}{S^2}\right) \tag{5-1}$$

式中:K——量表所包括的总题数;

S_i^2——检验量表总分的变异数;

S^2——每个测验题项总分的变异量。

(7)再测信度

再测信度是指以研究确定的量表对同一组测试人员进行前后两次测验,根据测试人员前后两次的数得分,求其积差相关系数。

以上量表编制构建的流程如图 5-3 所示。

5.2.2 评价指标对应量表设计

本节所述的评价指标细化至二级指标,其所对应的量表主要通过李克特量表法进行问卷设计。

1)意识性交通行为

(1)安全意识缺乏类行为

该指标主要评测被测者的交通安全意识水平,特别是评测对危险性交通行为所带来的危害程度的认识,其所对应的问题为:

①非机动车过马路时可不走斑马线;

②违反交通规则不一定会危及自己的人身安全;

③交叉口绿灯期间与机动车一起通行是没有危险的。

(2)交通法规缺乏类行为

该指标主要评测被测者对交通法规的认知程度,以通过该指标反映被测者能否通过交通法规来约束自己。其所对应的问题为:

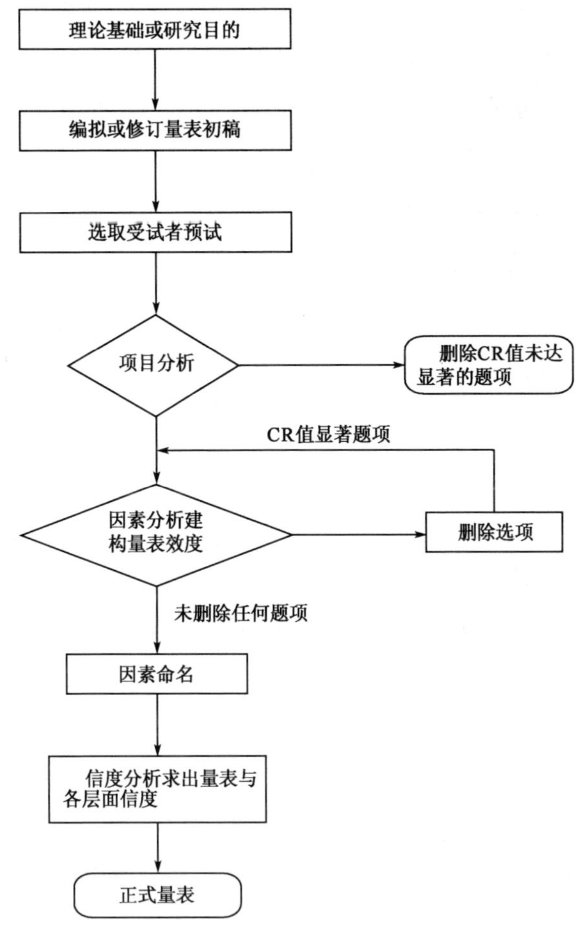

图5-3　量表编制构建流程图

①在判断无危险的情况下,违章也没有关系;

②非机动车在适宜情况下可以在机动车道上行驶;

③过马路到一半而信号灯转为红灯时,应抓紧时间急速通过;

④非机动车如强行冲红灯而发生交通事故的,应由汽车负全部事故责任。

2)习惯性交通行为

(1)弱化判断能力类行为

该指标主要评测被测者在日常出行中发生弱化判断能力以影响交通安

全的行为的频率。该指标中,其所对应的问题为:

①过交叉口时只看右边的来车而忽视左边的来车;

②一边听音乐(mp3 等)一边通过交叉口;

③一边打手机一边骑车通过交叉口;

④因走神而没有注意交通信号;

⑤一边聊天一边通过交叉口。

(2)弱化控制能力类行为

该指标主要评测被测者在日常出行中发生弱化控制能力以影响交通安全的行为的频率。其所对应的问题为:

①过交叉口时未下车推行;

②打伞骑车;

③单手离把骑车;

④在车辆制动器失灵的情况下继续上路骑行;

⑤高速骑行;

⑥骑车带人;

⑦骑车并行。

(3)存在交通冲突类行为

该指标主要评测被测者在日常出行中发生存在交通冲突以影响交通安全的行为的频率。其所对应的问题为:

①为了方便或节省时间,在红灯期间穿越交叉口;

②超越前方骑行的自行车;

③在机动车道上顺向骑行;

④在机动车道上逆向骑行;

⑤横穿马路时,未从斑马线上通过;

⑥在路口跟随机动车一起左转。

3)受激性交通行为

(1)受他人影响类行为

该指标主要评测被测者在日常出行中发生的受他人影响以影响交通安全的行为的频率。其所对应的问题为:

①前面有人随意横穿马路时,我也会跟着做;

②前面有人集体闯红灯时,我会跟在他们后面走过去;

③对于有交警现场管理的地方,我经常仍按自己的习惯随意骑行。

(2)受自身影响类行为

该指标主要评测被测者在日常出行中发生的受自身影响以影响交通安全的行为的频率。其所对应的问题为:

①心情极其烦躁的时候,我的违反交通规则的行为会增多;

②由于聚精会神地思考某个问题而没有注意来往车辆;

③遇到急事时我会冒险闯红灯;

④上下班(学)快迟到时,我的骑行速度会加快。

(3)受天气影响类行为

该指标主要评测被测者在日常出行中发生的受天气情况影响以影响交通安全的行为的频率。其所对应的问题为:

①下雨天气而没带雨具时,我的骑行速度会加快;

②烈日当头而无遮挡时,红灯期间我也会过交叉口;

③道路有积水时,我会因避开积水而越线行驶。

(4)受环境影响类行为

该指标主要评测被测者在日常出行中发生的受环境情况影响以影响交通安全的行为的频率。其所对应的问题为:

①夜间因车辆稀少而闯红灯;

②附近没有来往车辆时,我会在红灯期间通过交叉口;

③交叉口红灯时间过长,我会失去耐心等待而过交叉口;

④交叉口人行横道设置不合理时,我将不从人行横道通过。

4)评价指标量表分析

根据量表分析的基本步骤,考虑到非机动车驾驶人交通行为安全性评价的自身特征，以下主要进行问卷的项目分析和因素分析两项工作，该两项工作主要采用量表分析常用软件——SPSS 软件进行。通过对所有测试问题进行项目分析和因素分析，便可对各二级指标所对应的问题的合理性和科学性进行分析，剔除重复的问题和无法反映对应二级指标特质的问题，使问卷的问题得到精简和凝练，提高问卷的科学性。

为便于项目分析和因素分析，将非机动车驾驶人交通行为安全性指标对应的一般问题进行重新编号，其结果如表 5-2 所示。

非机动车驾驶人交通行为安全性评价指标对应受测问题列表 表 5-2

问题编号	问 题 内 容
1	非机动车过马路时可不走斑马线
2	违反交通规则不一定会危及自己的人身安全
3	交通事故不一定会对个人和家庭造成严重伤害
4	交叉口绿灯期间与机动车一起通行是没有危险的
5	非机动车在适宜的情况下可以在机动车道上行驶
6	过马路到一半而信号灯转为红灯时，应抓紧时间急速通过
7	非机动车如强行闯红灯而发生交通事故的，应由汽车负全部事故责任
8	过交叉口时只看右边的来车而忽视左边的来车
9	一边听音乐（mp3 等）一边通过交叉口
10	一边打手机一边骑车通过交叉口
11	因走神而没有注意交通信号
12	一边聊天一边通过交叉口
13	过交叉口时未下车推行
14	打伞骑车
15	单手离把骑车
16	在车辆制动器失灵的情况下继续上路骑行
17	高速骑行
18	骑车带人
19	骑车并行
20	为了方便或节省时间，在红灯期间穿越交叉口
21	超越前方骑行的自行车
22	在机动车道上顺向骑行

续上表

问题编号	问 题 内 容
23	在机动车道上逆向骑行
24	横穿马路时,未从斑马线上通过
25	在路口跟随机动车一起左转
26	前面有人随意横穿马路时,我也会跟着做
27	前面有人集体闯红灯时,我会跟在他们后面走过去
28	对于有交警现场管理的地方,我经常仍按自己的习惯随意骑行
29	心情极其烦躁的时候,我的违反交通规则的行为会增多
30	由于聚精会神地思考某个问题而没有注意来往车辆
31	遇到急事时我会冒险闯红灯
32	上下班(学)快迟到时,我的骑行速度会加快
33	下雨天气而没带雨具时,我的骑行速度会加快
34	烈日当头而无遮挡时,红灯期间我也会过交叉口
35	道路有积水时,我会因避开积水而越线行驶
36	夜间因车辆稀少而闯红灯
37	附近没有来往车辆时,我会在红灯期间通过交叉口
38	交叉口红灯时间过长,我会失去耐心等待而过交叉口
39	交叉口人行横道设置不合理时,我将不从人行横道通过

(1)项目分析

根据编拟的初试问卷,进行了200份有效问卷的调查,并以此对初试问卷进行项目分析。按照项目分析的基本原则,对于200份的测试样本,前27%所对应的排序为54,以此为高分组,后27%所对应的排序为147,以此为低分组。

将初试问卷调查的结果录入SPSS软件,并以高低二组为自变量,以C1～C39题为因变量进行独立样本T检验,其结果如表5-3和表5-4所示。

初始样本组别统计量 表5-3

题项	组别	个数	平均数	标准差	平均数的标准误
C1	1	54	1.611 1	0.898 99	0.122 34
	2	54	1.851 9	0.737 34	0.100 34

续上表

题项	组别	个数	平均数	标准差	平均数的标准误
C2	1	54	1.444 4	0.768 89	0.104 63
	2	54	1.685 2	0.667 98	0.090 90
C3	1	54	1.425 9	0.815 00	0.110 91
	2	54	1.740 7	0.781 51	0.106 35
C4	1	54	3.537 0	1.462 91	0.199 08
	2	54	2.425 9	1.159 08	0.157 73
C5	1	54	1.981 5	1.189 43	0.161 86
	2	54	1.870 4	0.825 22	0.112 30
C6	1	54	2.166 7	1.224 74	0.166 67
	2	54	2.259 3	1.012 85	0.137 83
C7	1	54	3.444 4	1.268 88	0.172 67
	2	54	2.888 9	1.436 28	0.195 45
C8	1	54	4.000 0	1.132 70	0.154 14
	2	54	2.351 9	1.276 16	0.1736 6
C9	1	54	4.518 5	0.720 08	0.097 99
	2	54	2.722 2	1.188 25	0.161 70
C10	1	54	4.444 4	0.718 14	0.097 73
	2	54	2.722 2	1.265 16	0.172 17
C11	1	54	4.425 9	0.716 43	0.097 49
	2	54	2.777 8	1.040 08	0.141 54
C12	1	54	4.092 6	0.976 49	0.132 88
	2	54	2.555 6	0.964 79	0.131 29
C13	1	54	4.333 3	0.931 62	0.126 78
	2	54	2.518 05	1.059 38	0.144 16
C14	1	54	4.685 2	0.577 05	0.078 53
	2	54	2.666 7	1.115 92	0.151 86
C15	1	54	4.648 1	0.587 85	0.080 00
	2	54	2.833 3	1.004 71	0.136 72
C16	1	54	4.685 2	0.608 87	0.082 86
	2	54	2.740 7	1.102 06	0.149 97

续上表

题项	组别	个数	平均数	标准差	平均数的标准误
C17	1	54	4.685 2	0.543 37	0.073 94
	2	54	2.629 6	0.896 46	0.121 99
C18	1	54	4.463 0	0.692 63	0.094 25
	2	54	2.611 1	0.979 35	0.133 27
C19	1	54	4.481 5	0.606 28	0.082 50
	2	54	2.814 8	0.933 12	0.126 98
C20	1	54	4.666 7	0.549 44	0.074 77
	2	54	2.833 3	1.224 74	0.166 67
C21	1	54	4.537 0	0.862 49	0.117 37
	2	54	2.814 8	1.182 80	0.160 96
C22	1	54	4.370 4	1.170 33	0.159 26
	2	54	2.611 1	1.265 16	0.172 17
C23	1	54	4.814 8	0.551 98	0.075 11
	2	54	2.907 4	1.068 74	0.145 44
C24	1	54	4.518 5	0.665 62	0.090 58
	2	54	2.814 8	0.991 93	0.134 98
C25	1	54	4.574 1	0.601 94	0.081 91
	2	54	2.851 9	1.053 43	0.143 35
C26	1	54	4.555 6	0.743 95	0.101 24
	2	54	2.592 6	1.107 75	0.150 75
C27	1	54	4.555 6	0.691 37	0.094 08
	2	54	2.666 7	1.115 92	0.151 86
C28	1	54	4.185 2	1.229 73	0.167 34
	2	54	2.518 5	1.177 47	0.160 23
C29	1	54	4.722 2	0.833 65	0.113 45
	2	54	2.518 5	0.884 69	0.120 39
C30	1	54	4.518 5	0.606 28	0.082 50
	2	54	2.777 8	1.127 14	0.153 38
C31	1	54	4.500 0	0.818 42	0.111 37
	2	54	2.629 6	0.853 32	0.116 12

续上表

题项	组别	个数	平均数	标准差	平均数的标准误
C32	1	54	4.629 6	0.623 33	0.084 82
	2	54	2.648 1	0.974 34	0.132 59
C33	1	54	4.500 0	0.693 64	0.094 39
	2	54	2.425 9	0.902 86	0.122 86
C34	1	54	4.759 3	0.473 25	0.064 40
	2	54	2.796 3	1.034 86	0.140 83
C35	1	54	4.777 8	0.501 57	0.068 26
	2	54	2.888 9	1.003 14	0.136 51
C36	1	54	4.574 1	0.632 51	0.086 07
	2	54	2.463 0	0.862 49	0.117 37
C37	1	54	4.463 0	0.664 83	0.090 47
	2	54	2.518 5	1.128 38	0.153 55
C38	1	54	4.481 5	0.770 71	0.104 88
	2	54	2.796 3	1.016 46	0.138 32
C39	1	54	4.629 6	0.592 29	0.080 60
	2	54	2.555 6	1.160 13	0.157 87

在SPSS输出的计算结果中，该表格为高低二组的描述性统计结果，其中组别1即为高分组，组别2即为低分组。

初试样本独立样本T检验结果 表5-4

题项		Levene方差齐性检验		平均数相等的T检验						
		F检验	显著性	T	自由度	显著性（双侧）	平均差异	标准误差差异	差异的95%置信区间	
									下界	上界
C1	假设方差相等	4.664	0.033	-1.522	106	0.131	-0.240 74	0.158 22	-0.55	0.07
	不假设方差相等			-1.522	102.092	0.131	-0.240 74	0.158 22	-0.55	0.07
C2	假设方差相等	0.111	0.739	-1.737	106	0.035	-0.240 74	0.138 60	-0.52	0.03
	不假设方差相等			-1.737	103.969	0.035	-0.240 74	0.138 60	-0.52	0.03
C3	假设方差相等	0.939	0.335	-2.049	106	0.043	-0.314 81	0.153 66	-0.62	-0.01
	不假设方差相等			-2.049	105.814	0.043	-0.314 81	0.153 66	-0.62	-0.01

续上表

题项		Levene 方差齐性检验		平均数相等的 T 检验						
		F 检验	显著性	T	自由度	显著性（双侧）	平均差异	标准误差差异	差异的 95% 置信区间	
									下界	上界
C4	假设方差相等	5.385	0.022	4.375	106	0.000	1.111 11	0.253 99	0.61	1.61
	不假设方差相等			4.375	100.732	0.000	1.111 11	0.253 99	0.61	1.61
C5	假设方差相等	2.060	0.000	0.564	106	0.000	0.111 11	0.197 00	-0.28	0.50
	不假设方差相等			0.564	94.425	0.000	0.111 11	0.197 00	-0.28	0.50
C6	假设方差相等	2.177	0.143	-0.428	106	0.037	-0.092 59	0.216 28	-0.52	0.34
	不假设方差相等			-0.428	102.392	0.037	-0.092 59	0.216 28	-0.52	0.34
C7	假设方差相等	0.831	0.364	2.130	106	0.035	0.555 56	0.260 80	0.04	1.07
	不假设方差相等			2.130	104.413	0.036	0.555 56	0.260 80	0.04	1.07
C8	假设方差相等	7.157	0.009	7.098	106	0.000	1.648 15	0.232 20	1.19	2.11
	不假设方差相等			7.098	104.528	0.000	1.648 15	0.232 20	1.19	2.11
C9	假设方差相等	11.799	0.001	9.500	106	0.000	1.796 30	0.189 08	1.42	2.17
	不假设方差相等			9.500	87.301	0.000	1.796 30	0.189 08	1.42	2.17
C10	假设方差相等	14.963	0.000	8.699	106	0.000	1.722 22	0.197 97	1.33	2.11
	不假设方差相等			8.699	83.941	0.000	1.722 22	0.197 97	1.33	2.12
C11	假设方差相等	7.736	0.006	9.590	106	0.000	1.648 15	0.171 87	1.31	1.99
	不假设方差相等			9.590	94.053	0.000	1.648 15	0.17187	1.31	1.99
C12	假设方差相等	0.418	0.519	8.228	106	0.000	1.537 04	0.186 80	1.17	1.91
	不假设方差相等			8.228	105.985	0.000	1.537 04	0.186 80	1.17	1.91
C13	假设方差相等	1.399	0.240	9.453	106	0.570	1.814 81	0.191 98	1.43	2.20
	不假设方差相等			9.453	104.296	0.570	1.814 81	0.191 98	1.43	2.20
C14	假设方差相等	32.331	0.000	11.807	106	0.000	2.018 52	0.170 96	1.68	2.36
	不假设方差相等			11.807	79.453	0.000	2.018 52	0.170 96	1.68	2.36
C15	假设方差相等	13.698	0.000	11.457	106	0.000	1.814 81	0.158 41	1.50	2.13
	不假设方差相等			11.457	85.481	0.000	1.814 81	0.158 41	1.50	2.13
C16	假设方差相等	25.185	0.000	11.349	106	0.000	1.944 44	0.171 34	1.60	2.28
	不假设方差相等			11.349	82.597	0.000	1.944 44	0.171 34	1.60	2.29

续上表

题项		Levene 方差齐性检验		平均数相等的 T 检验						
		F 检验	显著性	T	自由度	显著性（双侧）	平均差异	标准误差差异	差异的 95% 置信区间	
									下界	上界
C17	假设方差相等	16.512	0.000	14.410	106	0.000	2.055 56	0.142 65	1.77	2.34
	不假设方差相等			14.410	87.312	0.000	2.055 56	0.142 65	1.77	2.34
C18	假设方差相等	4.718	0.032	11.345	106	0.000	1.851 85	0.163 23	1.53	2.18
	不假设方差相等			11.345	95.409	0.000	1.851 85	0.163 23	1.53	2.18
C19	假设方差相等	17.875	0.000	11.006	106	0.000	1.666 67	0.151 43	1.37	1.97
	不假设方差相等			11.006	90.980	0.000	1.666 67	0.151 43	1.37	1.97
C20	假设方差相等	36.139	0.000	10.036	106	0.000	1.833 33	0.182 67	1.47	2.20
	不假设方差相等			10.036	73.503	0.000	1.833 33	0.182 67	1.47	2.20
C21	假设方差相等	10.516	0.002	8.645	106	0.000	1.722 22	0.199 21	1.33	2.12
	不假设方差相等			8.645	96.939	0.000	1.722 22	0.199 21	1.33	2.12
C22	假设方差相等	3.282	0.073	7.501	106	0.000	1.759 26	0.234 53	1.29	2.22
	不假设方差相等			7.501	105.363	0.000	1.759 26	0.234 53	1.29	2.22
C23	假设方差相等	21.370	0.000	11.653	106	0.000	1.907 41	0.163 69	1.58	2.23
	不假设方差相等			11.653	79.397	0.000	1.907 41	0.163 69	1.58	2.23
C24	假设方差相等	7.436	0.007	10.481	106	0.000	1.703 70	0.162 56	1.38	2.03
	不假设方差相等			10.481	92.684	0.000	1.703 70	0.162 56	1.38	2.03
C25	假设方差相等	16.233	0.000	10.431	106	0.000	1.722 22	0.165 11	1.39	2.05
	不假设方差相等			10.431	84.276	0.000	1.722 22	0.16511	1.39	2.05
C26	假设方差相等	16.239	0.000	10.810	106	0.000	1.962 96	0.181 59	1.60	2.32
	不假设方差相等			10.810	92.727	0.000	1.962 96	0.181 59	1.60	2.32
C27	假设方差相等	18.353	0.000	10.574	106	0.000	1.888 89	0.178 64	1.53	2.24
	不假设方差相等			10.574	88.462	0.000	1.888 89	0.178 64	1.53	2.24
C28	假设方差相等	0.009	0.923	7.194	106	0.000	1.666 67	0.231 69	1.21	2.13
	不假设方差相等			7.194	105.801	0.000	1.666 67	0.231 69	1.21	2.13
C29	假设方差相等	4.441	0.037	13.322	106	0.000	2.203 70	0.165 42	1.88	2.53
	不假设方差相等			13.322	105.628	0.000	2.203 70	0.165 42	1.88	2.53

续上表

题项		Levene 方差齐性检验		平均数相等的 T 检验						
		F 检验	显著性	T	自由度	显著性（双侧）	平均差异	标准误差差异	差异的 95% 置信区间	
									下界	上界
C30	假设方差相等	15.953	0.000	9.995	106	0.000	1.740 74	0.174 17	1.40	2.09
	不假设方差相等			9.995	81.300	0.000	1.740 74	0.174 17	1.39	2.09
C31	假设方差相等	0.683	0.411	11.625	106	0.000	1.870 37	0.160 90	1.55	2.19
	不假设方差相等			11.625	105.816	0.000	1.870 37	0.160 90	1.55	2.19
C32	假设方差相等	15.580	0.000	12.589	106	0.000	1.981 48	0.157 40	1.67	2.29
	不假设方差相等			12.589	90.159	0.000	1.981 48	0.157 40	1.67	2.29
C33	假设方差相等	5.505	0.021	13.387	106	0.000	2.074 07	0.154 94	1.77	2.38
	不假设方差相等			13.387	99.400	0.000	2.074 07	0.154 94	1.77	2.38
C34	假设方差相等	32.919	0.054	12.676	106	0.000	1.962 96	0.154 85	1.66	2.27
	不假设方差相等			12.676	74.239	0.000	1.962 96	0.154 85	1.65	2.27
C35	假设方差相等	18.368	0.000	12.376	106	0.000	1.888 89	0.152 62	1.59	2.19
	不假设方差相等			12.376	77.941	0.000	1.888 89	0.152 62	1.59	2.19
C36	假设方差相等	6.553	0.012	14.505	106	0.000	2.111 11	0.145 55	1.82	2.40
	不假设方差相等			14.505	97.218	0.000	2.111 11	0.145 55	1.82	2.40
C37	假设方差相等	15.237	0.000	10.910	106	0.000	1.944 44	0.178 22	1.59	2.30
	不假设方差相等			10.910	85.840	0.000	1.944 44	0.178 22	1.59	2.30
C38	假设方差相等	4.253	0.042	9.708	106	0.000	1.685 19	0.173 59	1.34	2.03
	不假设方差相等			9.708	98.802	0.000	1.685 19	0.173 59	1.34	2.03
C39	假设方差相等	26.318	0.000	11.701	106	0.000	2.074 07	0.177 26	1.72	2.43
	不假设方差相等			11.701	78.871	0.000	2.074 07	0.177 26	1.72	2.43

表 5-4 即为初试样本的独立样本 T 检验结果，主要用于甄别各题项在进行问卷测试中是否具有鉴别度。在查阅该报表时，先查看各题项 Levene 方差齐性检验中的“F 检验”，如果 F 值显著（显著性一栏的值小于 0.05），则表示这两个组别的总体方差不相等，再查看“不假设方差相等”一栏中的 T 检验结果，如果 T 值显著（显著性一栏的值小于 0.05），则表示该题项具有鉴别

度，可予以保留，否则应予以剔除；如果 F 值不显著（显著性一栏的值大于 0.05），则表示该两个组别的总体方差相等，再查看“假设方差相等”一栏中的 T 检验结果，如果 T 值显著（显著性一栏的值小于 0.05），则表示该题项具有鉴别度，可予以保留，否则应予以剔除。

根据以上原则，可知在待测的 39 项问题中，除第 1 项和第 13 项问题的鉴别度较低，应予以剔除外，其余题项的鉴别度均较高，可予以保留。

将项目分析后符合要求的题项，进一步进行因素分析，以检验量表的建构效度。

（2）因素分析

将项目分析后所得题项的调查结果录入 SPSS 软件，进行初试问卷的因素分析，其结果如表 5-5 所示。

转轴后的成分矩阵　　表 5-5

题项	1	2	3	4	5	6	7	8	9	10	11	12
22	0.738	0.059	0.079	0.021	-0.010	0.032	0.259	0.004	0.095	-0.028	-0.074	0.206
20	0.712	0.066	0.045	0.041	-0.014	0.037	0.258	-0.017	-0.126	0.083	-0.115	0.022
23	0.703	0.088	0.039	0.036	-0.015	0.061	0.249	0.049	0.013	-0.126	-0.212	0.401
24	0.701	0.093	0.069	0.051	0.025	0.015	0.246	0.022	0.061	-0.319	0.076	0.143
25	0.650	0.135	0.007	0.052	0.024	0.044	0.244	0.034	0.010	-0.159	-0.266	0.243
21	0.582	0.067	0.134	0.046	-0.011	-0.001	0.241	0.017	0.079	-0.058	-0.379	0.335
15	0.021	0.392	0.048	0.061	-0.035	0.047	0.241	-0.029	0.129	-0.040	0.083	0.409
14	0.023	0.460	0.081	0.054	-0.053	0.062	0.240	0.008	0.047	-0.005	-0.318	0.406
16	0.189	0.424	0.112	0.026	-0.015	-0.005	0.238	0.007	0.062	-0.029	0.060	0.700
17	0.122	0.447	0.102	0.026	-0.012	0.003	0.178	-0.009	0.083	-0.046	0.135	0.698
18	0.116	0.559	0.116	0.049	-0.019	0.009	0.176	0.020	0.067	0.109	-0.140	0.696
8	0.114	0.075	0.379	0.043	-0.025	0.024	0.175	-0.018	-0.103	0.219	-0.036	0.696
9	0.107	0.090	0.418	0.057	-0.032	-0.007	0.175	-0.016	-0.048	0.201	0.066	0.689
12	0.054	0.194	0.426	0.024	0.016	0.025	0.175	-0.010	-0.116	0.335	0.041	0.688
10	0.073	0.191	0.382	0.036	-0.008	-0.002	0.175	-0.006	0.099	0.021	0.319	0.679
11	0.072	0.163	0.330	0.044	0.005	0.033	0.174	-0.022	-0.068	-0.267	0.111	0.676
29	0.078	0.155	0.080	0.443	0.113	0.020	0.174	-0.011	0.106	0.029	0.133	0.226

续上表

题项	1	2	3	4	5	6	7	8	9	10	11	12
31	0.073	0.133	0.045	0.574	0.081	0.016	0.172	0.014	-0.006	0.387	-0.073	0.330
32	0.113	0.132	0.053	0.412	0.111	0.016	0.170	0.029	-0.093	-0.224	0.033	0.319
3	0.014	0.053	0.177	0.003	0.511	0.037	0.167	-0.021	-0.042	0.375	0.120	0.181
2	0.079	0.091	0.160	0.027	0.324	0.015	0.156	-0.007	0.157	-0.132	0.252	0.211
4	0.107	0.062	0.138	0.007	0.445	0.024	0.151	-0.006	-0.103	-0.084	-0.231	0.242
26	0.089	0.041	0.136	0.053	-0.052	0.552	0.144	-0.051	0.184	0.224	-0.034	0.387
27	0.065	0.104	0.122	0.027	-0.064	0.408	0.139	-0.011	0.099	0.084	0.103	-0.052
39	0.051	0.050	0.032	0.172	-0.091	0.383	0.120	0.097	0.092	-0.407	0.236	-0.064
5	0.088	0.058	0.098	0.148	-0.043	0.012	0.756	0.195	0.136	0.040	0.010	-0.091
6	0.100	0.085	0.015	0.113	-0.105	-0.135	0.677	0.171	0.197	0.153	-0.266	-0.043
7	0.090	0.088	0.096	0.101	-0.142	-0.052	0.748	0.092	-0.659	0.169	0.128	0.490
36	0.009	0.044	-0.003	-0.056	0.170	0.094	0.008	0.576	-0.655	-0.023	0.240	0.127
37	-0.032	-0.062	-0.026	0.096	0.169	-0.234	-0.066	0.556	0.535	0.294	0.345	0.391
38	-0.040	0.022	0.041	-0.048	0.165	0.213	0.045	0.674	-0.097	0.066	0.688	0.056
33	0.016	0.014	-0.018	0.040	-0.037	-0.032	-0.019	-0.012	0.543	-0.021	-0.024	0.028
34	0.093	0.124	0.166	0.134	-0.206	-0.096	-0.231	0.197	0.637	0.211	-0.038	-0.011
35	0.037	0.020	0.000	0.004	0.013	0.079	0.060	0.073	0.667	0.048	-0.066	0.015
28	0.019	-0.077	-0.044	0.020	0.156	-0.243	0.054	0.078	0.026	0.596	0.065	0.098
30	0.114	0.143	0.056	0.033	0.128	0.002	0.172	-0.012	-0.019	-0.059	0.561	0.182
19	0.026	0.015	0.033	0.036	-0.010	0.077	0.039	-0.021	0.054	0.109	-0.143	0.430

转轴后的成分矩阵，是根据各共同因素中题项的因素负荷量大小进行排序的，所以，很容易考查各共同因素所包含的层面题项，在表5-5中，笔者已将各成分对应题项的因素负荷量用灰色底色进行了标注。从该表可以看出，所测试的问题中共含12个成分，同一成分中的问题表明其具有较大的共性，在问卷分析中可以用于同一指标进行分析。以下结合因素分析的基本原理，对上表的计算结果进行详细分析。

（1）第1个成分包含的题项为20、21、22、23、24、25，其所对应的二级指标即为“存在直接冲突的行为”；

(2)第 2 个成分包含的题项为 14、15、16、17、18,其所对应的二级指标即为“弱化控制能力的行为”,该成分的题项比测试问卷的题项少了一项,即第 19 项问题,此即表明第 19 项问题不适宜划分在该二级指标之中,应予以剔除;

(3)第 3 个成分包含的题项为 8、9、10、11、12,其所对应的二级指标即为“弱化判断能力的行为”;

(4)第 4 个成分包含的题项为 29、31、32,其所对应的二级指标即为“受自身影响的行为”,该指标中剔除了第 30 项问题;

(5)第 5 个成分包含的题项为 2、3、4,其所对应的二级指标为“交通安全意识水平”,其中的第 4 项问题本属于“交通法规认知程度”这一指标,这说明经过因素分析得到,第 4 项问题与第 2、3 项问题存在更大的共性,理应划入同一指标进行问卷分析;

(6)第 6 个成分包含的题项为 26、27、39,其所对应的二级指标为“受他人影响的行为”,该指标与初试问卷相比,剔除了第 28 项问题,而增加了第 39 项问题,这也是通过因素分析对问卷所做的调整;

(7)第 7 个成分包含的题项为 5、6、7,其所对应的二级指标为“交通法规认知程度”,同样,该指标也剔除了第 4 项问题;

(8)第 8 个成分包含的题项为 36、37、38,其所对应的二级指标为“受环境影响的行为”,该指标剔除了第 39 项问题;

(9)第 9 个成分包含的题项为 33、34、35,其所对应的二级指标为“受天气影响的行为”,该指标的题项未作更改;

(10)第 10、11、12 个成分所包含的题项分别为 28、30 和 19,根据多数研究者编制成分的实际经验,一个成分的题项数至少在 3 题以上,否则题项太少,无法测出所代表的成分特质,其内容效度不够严谨,因此,可考虑将此类成分及题项删除。

从以上分析可以得出,在经过因素分析后,各二级指标所对应的题项进行了一定的调整,由此得到的二级指标所对应的题项,其共同性得到了检验,便于问卷调查结果进行后续的研究。

5)量表生成

将各评价指标对应的问题进行量表分析后,便得到可以用于后续研究的最终量表,本书得到的最终量表列于附录2。将该量表用于被测者进行测试,便可得到用于非机动车交通行为安全性评价的基础数据。在附录2所列的问卷中,各级指标所对应题项如表5-6所示。

最终量表中各级指标所对应的题项　　表5-6

一级指标	二级指标	对应题项
意识性交通行为	交通安全意识水平	1、2、3
	交通法规认知程度	4、5、6
习惯性交通行为	弱化判断能力的行为	7、8、9、10、11
	弱化控制能力的行为	12、13、14、15、16
	存在交通冲突的行为	17、18、19、20、21、22
受激性交通行为	受他人影响的行为	23、24、25
	受自身影响的行为	26、27、28
	受天气影响的行为	29、30、31
	受环境影响的行为	32、33、34

5.2.3　基于交通冲突的评价指标安全性度量

根据上文分析,从宏观角度来看,交通行为可归类为五种交通冲突类型,并得到了各类冲突的安全性水平的定量判断值,因此,将本节中测试题项所描述的交通行为与交通冲突进行对应便可得到各类交通行为的安全性水平,对应关系如表5-7所示。

交通行为与交通冲突类型对应表　　表5-7

冲突类型	对应题项
交叉口直接机非冲突	1、2、5、6、7、8、10、17、24、26、27、30、32、33
交叉口左转膨胀机非冲突	3、18、22
交叉口直行膨胀机非冲突	9、11、15、34
路段直接机非冲突	14、16、20、21、23、25
路段越线机非冲突	4、12、13、19、28、29、31

注:某类交通行为若可同时属于多类冲突,则将其归属于安全性水平较低的冲突类型。

根据上表得到的各测试题项对应的冲突类型,即可得到各类交通行为的安全性水平,在此基础上,根据各类二级指标对应的题项,取各题项安全性水平的平均值,便可得到各类二级指标的安全性水平,如表5-8所示。

最终量表中各级指标所对应的题项 表5-8

一级指标	二级指标	安全性水平值
意识性交通行为	交通安全意识水平	2.7
	交通法规认知程度	2.5
习惯性交通行为	弱化判断能力的行为	3.1
	弱化控制能力的行为	3.2
	存在交通冲突的行为	2.9
受激性交通行为	受他人影响的行为	2.5
	受自身影响的行为	2.5
	受天气影响的行为	2.9
	受环境影响的行为	3.2

5.3 非机动车驾驶人交通行为安全性评价体系

基于前文评价指标的分类方法与特征,并参考国内外相关研究成果,经研究,适用于本书所研究的非机动车驾驶人交通行为安全性评价可采用模糊测度的方法进行。

5.3.1 模糊测度方法

模糊测度(Fuzzy Measures)是模糊数学理论中的一个重要内容,其在工程应用中取得了极大的成效。由于安全性与非安全性本身就属于主观判断的问题,通常不能回避部分定性指标,而模糊理论正适合于解决具有不确定性或主观认知的问题。

(1)基本理论

定义:在论域Ω中的单调类K上的集函数$g(\cdot)$称为模糊测度,如果它满足条件:

①$g(\varphi)=0, g(\Omega)=1$；

②若 $F, F_1 \in K, F \subset F_1$，则有 $g(F) \leqslant g(F_1)$；

③若 $F_n \uparrow F$，且 $\{F_n\}_{n=1}^{\infty} \subset K$，则有 $\lim\limits_{n\to\infty} g(F_n)=g(F)$。

上述定义是模糊测度的最基本定义，建立在模糊集理论基础之上。

设 (Ω, Γ, g) 是模糊测度空间，$f: \Omega \to [0,1]$ 是 Ω 上的可测函数，$a \in \Gamma$。f 在 A 上关于 g 的模糊积分定义为：

$$\mu = \oint f(x) \cdot g(\cdot) = \sup_{\lambda \in [0,1]} [\lambda \wedge g(A \cap f_\lambda)] \tag{5-2}$$

$$f_\lambda = \{x \mid f(x) \geqslant \lambda\} (0 \leqslant \lambda \leqslant 1) \tag{5-3}$$

式中：f_λ——λ 水平截集，随着 λ 的增加而减小；

μ——模糊集的隶属函数 f 与模糊测度 g 的一种广义内积，反映了主体对客体各因素的隶属度与重视度（模糊测度 g）之间的相容程度，μ 值越大，表示客体的特征同主体对它的要求越接近。

当 $A=\Omega=\{x_1, x_2, \cdots, x_m\}$，且 $f(x_1) \geqslant f(x_2) \geqslant \cdots \geqslant f(x_m)$ 时，记 $\{f(x_l)\}_{l=1}^{n}$，则模糊积分式可写为：

$$\mu = \oint f(x) \cdot g(\cdot) = \bigvee_{j=1}^{m} [f(x_j) \wedge g(A_j)] \tag{5-4}$$

若取模糊测度 g 为 λ 一模糊测量 $g\lambda$，则有：

$$\mu = \oint f(x) \cdot g(\cdot) = \bigvee_{j=1}^{m} [f(x_j) \wedge G(x_j)] \tag{5-5}$$

式中 $f(x_j)$ 和 $G(x_j)$ 都是单调函数，其中 $G(x_j)$ 为模糊分布函数，它表示 $g(x_j)$ 的分布状况，$G(x_j)$ 与 $g(x_j)$ 的关系满足：

$$G(x_1) = g(x_1)$$

$$G(x_j) = G(x_{j-1}) + g(x_j)[1 + \lambda G(x_{j-1})] \quad (2 \leqslant j \leqslant m) \tag{5-6}$$

当 $\lambda=0$（表示满足简单可加性）时，有

$$G(x_1) = g(x_1)$$

$$G(x_j) = G(x_{j-1}) + g(x_j) \quad (2 \leqslant j \leqslant m) \tag{5-7}$$

模糊积分是基于模糊测度理论的一种非线性函数，适合处理部分具有主

观价值判断的评价问题，对定性指标都可采用专家意见，在实践中具有较好的操作性。同时，其应用条件较为宽泛，并不需要假设指标间相互独立，在应用上只要求相关因素单调即可，可被应用于评价指标间不互相独立的情况。

(2)评价程序

模糊积分评价中主要有确定评价因子、确定因子权重、构造论域、构造评价函数、进行模糊积分及模糊识别等步骤，其评价流程如图 5-4 所示。

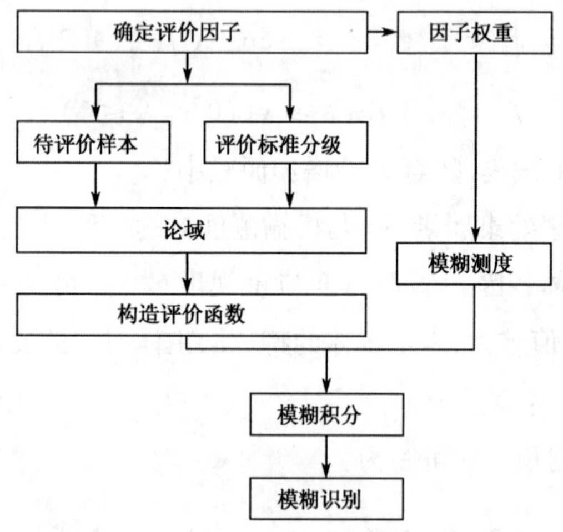

图 5-4　模糊积分评价法流程图

(3)构造评价函数

将待评价的样本和各级评价标准组成论域：

$$X = \{x_1, x_2, \ldots, x_m\} \tag{5-8}$$

其中每个元素 x_i 称为论域中的元素。每个元素由几个参与评价的因子(安全性指标)组成，这样每个元素被视为 n 维空间上的一个点，即：

$$x_i = (x_{i1}, x_{i2}, \cdots, x_{in})^T \quad (i = 1,2,\cdots,m) \tag{5-9}$$

其中，$x_{ij}(i=1,2,\cdots,m;j=1,2,\cdots,n)$ 为论域中各元素的评价因子，对论域中的每个元素各评价因子 x_{ij} 都能给出一个具有单调性和可积性的评判函数 $f(x_{ij})$，这个评价函数 $f(x_{ij})$ 是关于论域中每个元素各评价因子的评分值，针对本项目的安全性评价，它反映各评价因子关于论域元素间安全性程度的数值表示。为了构造评判函数，首先应使评价因子间具有可比性，为此，需对论域中每个元素各评价因子进行标准化处理：

$$d_{ij} = \frac{x_{ij}}{C_{oj}} \quad (i = 1,2,\cdots,m;j = 1,2,\cdots,n) \tag{5-10}$$

式中：d_{ij}——论域 X 中第 i 个元素第 j 个评价因子的标准化值；

x_{ij}——论域 X 中第 i 个元素第 j 个评价因子的实测值或各级标准值；

C_{oj}——第 j 个评价因子的参考标准。

据此，本书建立如下可测评判函数：

$$f(x_{ij}) = \frac{d_{ij}}{C \cdot (d_{\max} - d_{\min})} \tag{5-11}$$

式中：$d_{\max}$——论域 X 中所有元素各评价因子标准化处理所得值 d_{ij} 的最大值；

$d_{\min}$——论域 X 中所有元素各评价因子标准化处理所得值 d_{ij} 的最小值；

$f(x_{ij})$——论域 X 中每一元素各评价因子的评判值；

f——论域 X 上的可测评判函数。

C——使 $f(x_{ij}) \in (0,1)$ 的常数。

(4)确定模糊测度

基于论域 X 中每个元素各评价因子的评分值 $f(x_{ij})$ 依大小重新排序，得新顺序 $x_{i1},x_{i2},\cdots,x_{in}$，满足 $f(x_{i1}) \geqslant f(x_{i2}) \geqslant \cdots \geqslant f(x_{in})$，则 sugeno-λ 模糊测度函数 $g(x_{ij})$ 的计算公式为：

$$g(x_{i1}) = g_{i1} \tag{5-12}$$

$$g(x_{ij}) = \frac{1}{\lambda}\left| \prod_{k=1}^{j}(1 + \lambda g_{ik}) - 1 \right| \quad (2 \leqslant j \leqslant n - 1, -1 \leqslant \lambda \leqslant \infty) \tag{5-13}$$

$$g(x_{in}) = \frac{1}{\lambda}\left| \prod_{k=1}^{n}(1 + \lambda g_{ik}) - 1 \right| = 1 \tag{5-14}$$

由式(5-4)可得：

$$\prod_{k=1}^{n}(1 + \lambda g_{ik}) = \lambda + 1 \tag{5-15}$$

式中：g_{ij}——论域 X 中第 i 个元素第 j 个评价因子的权重，其计算公式为：

$$g_{ij}=\frac{W_{ij}}{\sum_{j=1}^{n}W_{ij}} \tag{5-16}$$

其中：

$$W_{ij}=\frac{x_{ij}}{C_{oj}} \tag{5-17}$$

（5）模糊积分评价模型

$g(x_{ij})$具有单调性，是一种典型的模糊测度。如是评判函数 $f(x_{ij})$ 关于模糊测度 $g(x_{ij})$下的 sugeno-λ 模糊积分为：

$$E_i=\int f(x_{ij})\mathrm{d}g(x_{ij})=\sup\{\inf[f(x_{ij}),g(x_{ij})]\} \tag{5-18}$$

在模糊积分中，一般采用 Zadeh 的 ∧、∨ 算子，该算子是一种主观因素突出的算子，计算中将遗失许多信息。本书采用 Einstein 的 $\dot{\varepsilon}$、$\overset{+}{\varepsilon}$ 算子进行积分计算：

$$E_i=\int f(x_{ij})\mathrm{d}g(x_{ij})=\dot{\varepsilon}[f(x_{ij})\overset{+}{\varepsilon}g(x_{ij})] \tag{5-19}$$

其中：

$$a\dot{\varepsilon}b=\frac{a\cdot b}{1+(1-a)(1-b)} \tag{5-20}$$

$$a\overset{+}{\varepsilon}b=\frac{a+b}{1+a\cdot b} \tag{5-21}$$

（6）模糊识别

设共有 g 级评价标准，即 $E_k,k=1,2,\cdots,g$。本书引用线性函数表达式建立待评价样本与各评价标准间关于模糊积分值的隶属函数：

当 $k=1$ 时

$$\mu_{ik}=\begin{cases}1 & E_i\leqslant E_k\\ \dfrac{E_{k+1}-E_i}{E_{k+1}-E_k} & E_k<E_i<E_{k+1}\\ 0 & E_i\geqslant E_{k+1}\end{cases} \tag{5-22}$$

当 $k=2,3,\cdots,g-1$ 时

$$\mu_{ik}=\begin{cases}1 & E_i \leqslant E_{k-1}\\ \dfrac{E_i-E_{k-1}}{E_k-E_{k-1}} & E_{k-1}<E_i<E_k\\ \dfrac{E_{k+1}-E_i}{E_{k+1}-E_k} & E_k<E_i<E_{k+1}\\ 0 & E_i \geqslant E_{k+1}\end{cases} \tag{5-23}$$

当 $k=g$ 时

$$\mu_{ik}=\begin{cases}1 & E_i \leqslant E_{k-1}\\ \dfrac{E_i-E_{k-1}}{E_k-E_{k-1}} & E_{k-1}<E_i<E_k\\ 0 & E_i \geqslant E_k\end{cases} \tag{5-24}$$

式中：　　E_i——第 i 个样本的模糊积分值；

E_{k-1}、E_k、E_{k+1}——分别为第 $k-1$、k、$k+1$ 级评价标准的模糊积分值。

5.3.2　评价等级的确定

将非机动车驾驶人的交通行为安全性评价等级由高到低分为四个等级，依次为Ⅰ级、Ⅱ级、Ⅲ级、Ⅳ级。在依据表5-8所确定的各类二级指标的交通安全性水平值的基础上，通过专家咨询的方式对各等级中各指标的等级值进行打分（按1～5打分），经综合评测，得出非机动车驾驶人各等级的评价指标值如表5-9所示。

非机动车驾驶人交通行为安全性各等级评价指标值　　表5-9

准则面	指　标	安全性等级			
		Ⅰ级	Ⅱ级	Ⅲ级	Ⅳ级
意识性交通行为	交通安全意识水平	1	3	4	5
	交通法规认知程度	1	3	3	4
习惯性交通行为	弱化控制能力	1	2	3	4
	弱化判断能力	1	3	3	5
	存在交通冲突	1	3	4	5

续上表

准则面	指　　标	安全性等级			
		Ⅰ级	Ⅱ级	Ⅲ级	Ⅳ级
受激性交通行为	受他人影响	1	2	3	4
	受自身影响	1	3	4	5
	受天气影响	1	2	3	5
	受环境影响	1	3	3	4

5.3.3　评价体系的建立

(1)评价因子的确定

评价体系共有9个评价因子,分属3个准则面:

①意识性交通行为:交通安全意识水平、交通法规认知程度;

②习惯性交通行为:弱化控制能力、弱化判断能力、存在交通冲突;

③受激性交通行为:受他人影响、受自身影响、受天气影响、受环境影响。

(2)评价函数的确定

将待评价的样本和四级评价标准组成论域:

$$X=\{x_1,x_2,x_3,x_4,x_5\}$$

其中,x_1 为待评价样本,$x_2 \sim x_5$ 为四级评价标准,$x_{ij}(i=1,2,\cdots,5;j=1,2,\cdots,18)$为论域中各元素的评价因子。以下给出评价示例。

调查样本的各二级评价指标值即为调查量表中各指标对应题项答案的算术平均值,并以此作为各评价因子的可测评分值,将样本中各评价因子的可测评分值和Ⅰ~Ⅳ级评价标准中各因子的评分值列于表5-10。

论域中各元素每个评价因子可测评分值　　表5-10

评价指标	样本	Ⅰ级	Ⅱ级	Ⅲ级	Ⅳ级
交通安全意识水平	4	1	3	4	5
交通法规认知程度	2.5	1	3	3	4
弱化控制能力	4.4	1	2	3	4
弱化判断能力	3.8	1	3	3	5
存在交通冲突	3.8	1	3	4	5

续上表

评价指标	样本	Ⅰ级	Ⅱ级	Ⅲ级	Ⅳ级
受他人影响	3.3	1	2	3	4
受自身影响	3.5	1	3	4	5
受天气影响	3	1	2	3	5
受环境影响	5	1	3	3	4

以Ⅳ级作为评价标准，得到论域中每个元素各评价因子进行标准化处理结果如表5-11所示。

论域中各元素每个评价因子可测评分值标准化处理结果　　表5-11

评价指标	样本	Ⅰ级	Ⅱ级	Ⅲ级	Ⅳ级
交通安全意识水平	0.8	0.2	0.6	0.8	1
交通法规认知程度	0.625	0.25	0.75	0.75	1
弱化控制能力	1.1	0.25	0.5	0.75	1
弱化判断能力	0.76	0.2	0.6	0.6	1
存在交通冲突	0.76	0.2	0.6	0.8	1
受他人影响	0.825	0.25	0.5	0.75	1
受自身影响	0.7	0.2	0.6	0.8	1
受天气影响	0.6	0.2	0.4	0.6	1
受环境影响	1.25	0.25	0.75	0.75	1

根据式(5-11)，$d_{max}=1.25$，$d_{min}=0.2$，$C=1.6$，可得所有元素各评价因子的评判值如表5-12所示。

论域中各元素每个评价因子的评判值　　表5-12

评价指标	样本	Ⅰ级	Ⅱ级	Ⅲ级	Ⅳ级
交通安全意识水平	0.63	0.16	0.47	0.63	0.78
交通法规认知程度	0.49	0.20	0.59	0.59	0.78
弱化控制能力	0.86	0.20	0.39	0.59	0.78
弱化判断能力	0.59	0.16	0.47	0.47	0.78
存在交通冲突	0.59	0.16	0.47	0.63	0.78
受他人影响	0.64	0.20	0.39	0.59	0.78
受自身影响	0.55	0.16	0.47	0.63	0.78
受天气影响	0.47	0.16	0.31	0.47	0.78
受环境影响	0.98	0.20	0.59	0.59	0.78

(3)模糊积分的计算

以样本为例进行模糊积分的计算,计算结果如表5-13所示。

样本的模糊积分计算结果　　表5-13

因子顺序	$f(x_{ij})$	g_{ij}	$g(x_{ij})$
受环境影响	0.982	0.082	0.132
弱化控制能力	0.861	0.072	0.183
受他人影响	0.643	0.054	0.384
交通安全意识水平	0.638	0.053	0.413
弱化判断能力	0.592	0.050	0.694
存在交通冲突	0.591	0.050	0.743
受自身影响	0.552	0.046	0.792
交通法规认知程度	0.493	0.041	0.857
受天气影响	0.472	0.039	0.934

由式(5-19)可得样本的模糊积分值为0.642。

重复上述计算过程,各评价等级的模糊积分值为 $E_1 = 0.332$,$E_2 = 0.535$,$E_3 = 0.618$,$E_4 = 0.807$。

(4)模糊识别

根据式(5-12)~式(5-14),由各级标准的模糊积分值,建立待评价样本对各级评价标准关于模糊积分值的隶属函数,并进行模糊识别,结果如表5-14所示。

样本的模糊识别计算结果　　表5-14

等级	Ⅰ级	Ⅱ级	Ⅲ级	Ⅳ级	所属级别
样本	0	0.153	0.847	0	Ⅲ

由此可得,评价样本的安全性等级为Ⅲ级。

5.4 本章小结

非机动车驾驶人交通行为安全性评价方法的研究是非机动车交通安全性研究的重要组成部分。本章首先研究宏观层面的非机动车流与微观层面的非机动车驾驶人交通行为之间的关系，根据不同交通行为所产生的非机动车流的机非冲突程度来确定对应交通行为的安全性，并根据不同交通行为产生的机理对交通行为进行分类，由此建立“微观机理—交通行为—宏观冲突”之间的关系；在此基础上，依据量表分析的基本理论，得到了获取非机动车驾驶人交通行为安全性评价指标值的量表；最后，利用模糊测度的方法，建立了非机动车驾驶人交通行为安全性的评价模型，并给出了相应的算例。

结合国家道路交通安全科技行动计划课题五专题一研究成果的示范应用，本章研究得到的非机动车驾驶人交通行为安全性评价体系已由课题组成员研制开发了相应的软件——交通参与者交通行为安全性评价决策支持系统，该成果已在浙江省宁波市得到了全面示范和应用，收到了良好的效果，今后将在更大范围内推广应用。同时，该评价体系的核心理论和技术已经由课题组申请了相应的专利——交通参与者交通行为安全性测评方法，现已向社会公开。

第6章 非机动车交通安全提升措施

前述章节对混合非机动车的交通安全性进行了较为系统的研究,本章将基于以上研究成果,从交通设施提升和交通行为规范两方面具体研究非机动车交通安全的提升措施。宏观上,主要为提出基于交通安全的交叉口非机动车控制方法和路段机非硬隔离设施的设置判别阈值和相关的交通管理措施。微观上,则结合非机动车驾驶人安全性评价模型,基于"规范行为、增强意识"的原则,从政策层面、管理层面及教育层面提出非机动车交通安全性的提升措施,并提出具体的干预模式、干预途径及干预措施。

6.1 交叉口交通设施提升层面

6.1.1 四相位控制交叉口

1)左转非机动车流

在四相位控制的交叉口中,左转非机动车与左转机动车在用一绿灯时间内进行左转,由此所产生的机非冲突主要是由左转非机动车流的膨胀效应所引起的。该交通冲突的产生,与交叉口的几何形状、交叉口的控制方式以及交叉口的渠化方式有着较大的关系。而从另一方面而言,也可通过改变交叉口的控制方式和渠化方式来减小左转非机动车流对同向左转机动车的横向干扰。对此,可提出如下的安全性提升措施:

(1)非机动车停车线缩短

根据本书3.4.1节2)中的研究结论可知,左转非机动车流在经过交叉口时所产生的膨胀宽度与进口道停车线处非机动车的排队宽度有着直接的关系,因此,缩窄进口道停车线处非机动车的排队宽度,将对减小直行非机动车流的膨胀宽度有着明显的效果。

缩窄进口道处左转非机动车的停车线宽度可以采取两种措施：一是在交叉口渠化时便缩窄非机动车停车线的宽度，但这样往往会影响到非机动车进口道的通行能力；二是在进口道处设置左转非机动车的候行区，规范停车秩序，减小非机动车排队的宽度，如图 6-1 所示。

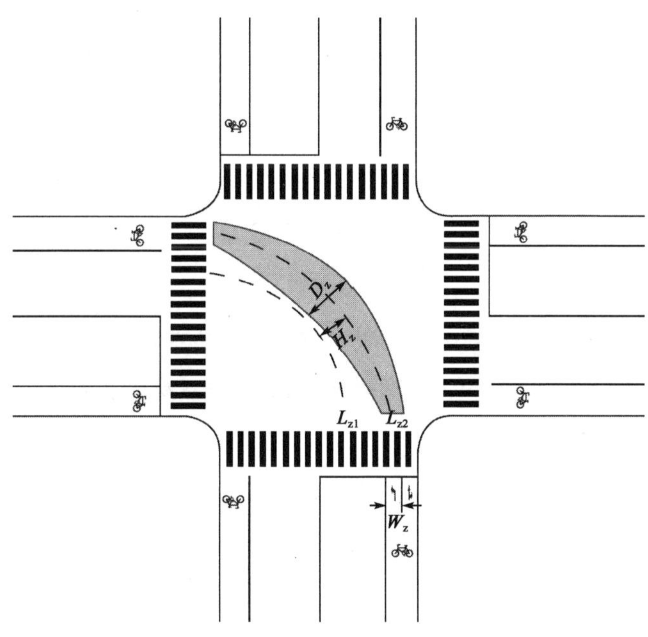

图 6-1 左转非机动车停车线缩窄设置示意图

图中，L_{z1} 为左转机动车轨迹的右侧边缘线，L_{z2} 为左转非机动车流轨迹的中线，两线之间的间距为 H_z。阴影部分为左转非机动车流的膨胀区域，D_z 为其膨胀最大宽度处的宽度，W_z 为左转非机动车候驶区停车线的宽度。

显然，为避免因非机动车流的膨胀效应而产生机非冲突，应使左转非机动车流的膨胀控制在下式所限定的范围内：

$$H_z > \frac{D_z}{2} \tag{6-1}$$

设直行非机动车流的膨胀度为 η_z，则左转非机动车候驶区停车线的宽度应限定在如下范围内：

$$W_z < \frac{2H_z}{\eta_z} \tag{6-2}$$

因此,在实际的交叉口管理中,为有效防止左转非机动车流的膨胀效应所产生的机非冲突,可在非机动车进口道处通过设置候驶区来缩窄非机动车停车线的宽度,并在设置时满足式(6-2)所设定的宽度。

因此,对于3.4.1节2)中宁波市药行街与灵桥路交叉口的案例,左转非机动车流膨胀系数为2.1,即式(6-2)中$\eta = 2.1$,同时,根据图3-14中的相关参数可知,该交叉口左转非机动车流中心线轨迹与左转机动车流外侧边线之间的间距为3.5m,即式(6-2)中$H_z = 3.5\text{m}$,因此,由式(6-2)可得,该交叉口进口道左转非机动车候驶区停车线的临界宽度为:

$$W_z = \frac{2H_z}{\eta_z} = 3(\text{m}) \tag{6-3}$$

即在该交叉口进口道中,为避免左转非机动车流与机动车流之间的冲突,对应进口道左转非机动车停车线的宽度应设置在3m之内。

(2)左转非机动车二次过街

在四相位控制的交叉口中,左转非机动车与左转机动车在用一绿灯时间内进行左转,当左转非机动车流膨胀效应过于明显而不适宜与左转机动车同时左转时,往往采取非机动车二次过街的方式来避免交通冲突,具体可采取如图6-2所示的四种措施。

在第a)种控制方式中,交叉口的中间区域设置非机动车禁驶区,非机动车只能在禁驶区外面的区域内行驶,并以二次过街的方式通过,避免了非机动车直接左转;

在第b)种控制方式中,交叉口的转角处设置了机非隔离栏,且隔离栏的阻隔范围正对非机动车进口道,非机动车无法直接左转,而必须先以直行的方式通过非机动车过街横道,并再进行一次直行以完成左转的目的;

在第c)种控制方式中,通过设置非机动车左转等待区的方式,使非机动车先期在该区域进行等待,待左转信号等启亮时,再通过交叉口,该种控制较好地实现了非机动车和机动车左转时在空间上的分离;

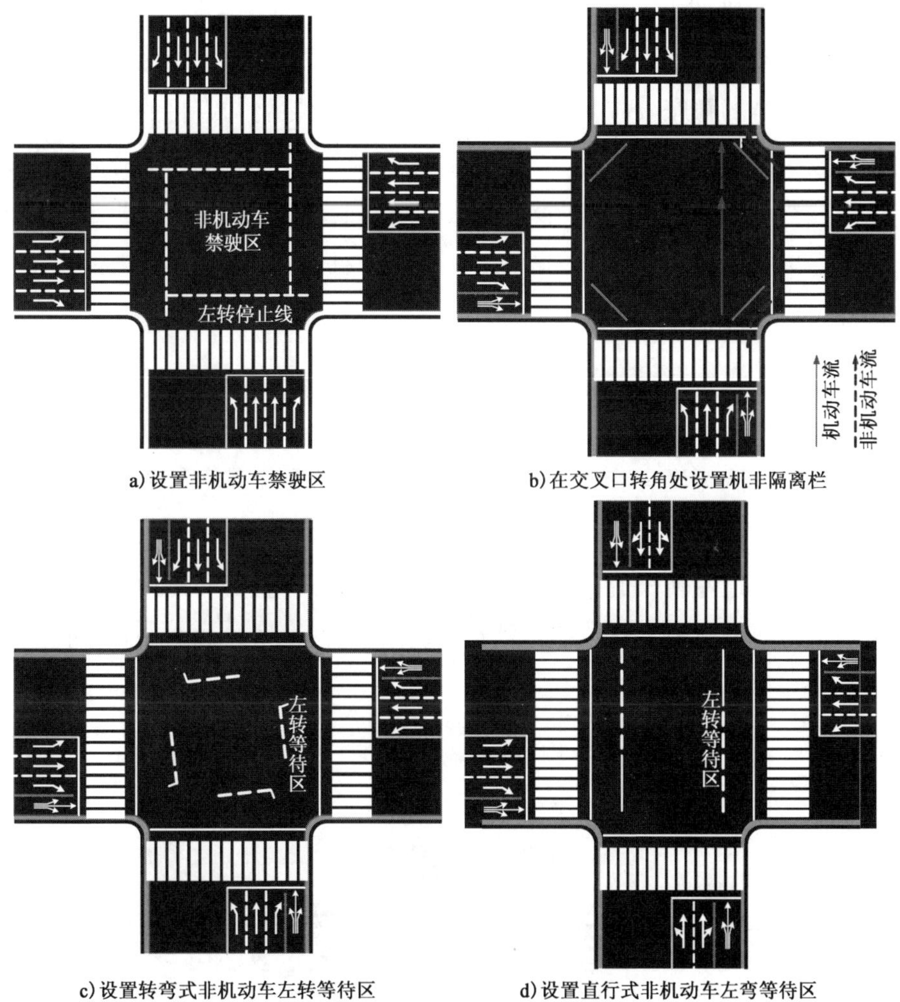

a)设置非机动车禁驶区　　b)在交叉口转角处设置机非隔离栏

c)设置转弯式非机动车左转等待区　　d)设置直行式非机动车左弯等待区

图6-2　左转非机动车二次过街控制措施

在第d)种控制方式中,设置了平行式的非机动车左转等待区,类似于第c)种控制方式,也较好地显示了非机动车和机动车左转时在空间上的分离。

(3)左转非机动车专用相位控制

当交叉口中左转非机动车的数量较大时,采取左转非机动车和机动车进行空间上的分离也不能起到良好的效果时,可以采取设置左转非机动车专用相位的方式来达到左转非机动车与机动车在时间上的分离。

2)直行非机动车流

在交叉口中,直行非机动车流一般与直行机动车流同时放行,类似于左转非机动车流的膨胀效应,直行非机动车流膨胀后也将与直行的机动车流之间产生较为严重的机非冲突。直行非机动车流与机动车流之间的冲突主要与以下三方面因素相关,一是非机动车流的膨胀宽度;二是非机动车进口道的宽度;三是非机动车过街横道的设置位置。针对以上的情况,本书提出如下的几点对策措施:

(1)非机动车停车线宽度缩短

直行非机动车流在经过交叉口时所产生的膨胀宽度与进口道停车线处非机动车的排队宽度有着直接的关系,因此,缩窄进口道停车线处非机动车的排队宽度,将对减小直行非机动车流的膨胀宽度有着明显的效果。类似于非机动车进口道左转车流排队宽度缩窄的设置方式,直行非机动车排队宽度的缩窄也主要通过设置直行非机动车候驶区的方式进行,如图6-3所示。

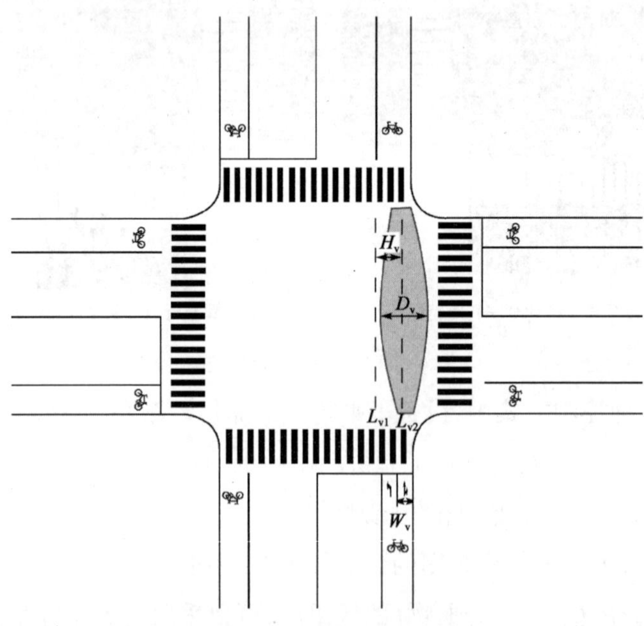

图6-3 直行非机动车停车线缩窄设置示意图

图中，L_{v1} 为机动车轨迹的右侧边缘线，L_{v2} 为直行非机动车流轨迹的中线，两线之间的间距为 H_v。阴影部分为直行非机动车流的膨胀区域，D_v 为其膨胀最大宽度处的宽度，W_v 为直行非机动车候驶区停车线的宽度。

显然，为避免因非机动车流的膨胀效应而产生机非冲突，应使直行非机动车流的膨胀控制在下式所限定的范围内：

$$H_v > \frac{D_v}{2} \tag{6-4}$$

设直行非机动车流的膨胀度为 η_v，则直行非机动车候驶区停车线的宽度应限定在如下范围内：

$$W_v < \frac{2H_v}{\eta_v} \tag{6-5}$$

因此，在实际的交叉口管理中，为有效防止直行非机动车流的膨胀效应所产生的机非冲突，可在非机动车进口道处通过设置候驶区来缩窄非机动车停车线的宽度，并在设置时满足式(6-5)所设定的宽度。

基于以上分析，对于3.4.2节2)中所列的案例，$\eta_v = 2.1$，$H_v = 3.5 - W_v/2$，为避免直行非机动车流与直行机动车流之间的冲突，临界状态下可得如下方程：

$$W_v = \frac{2H_v}{\eta_v} = \frac{2\left(3.5 - \frac{W_v}{2}\right)}{2.1} \tag{6-6}$$

解上述方程，可得 $W_v = 2.3\text{m}$。即为避免直行非机动车流与机动车流之间的冲突，应使直行非机动车的排队宽度小于2.3m。

(2)非机动车过街横道线后移

在一般的城市道路交叉口中，非机动车与行人一般同在人行横道线上直行过交叉口，因此，为保障非机动车直行时的安全有序，防止直行非机动车流膨胀而产生机非冲突，可在交叉口处使人行横道线后移，并在转角处设置一定的隔离栏，如图6-4所示。

图中，S_1 为机动车轨迹的右侧边缘线，S_2 为非机动车过街横道线的左侧边缘线,两线之间的间距 O 即为非机动车过街横道线的退后距离。M 为非机动车过街横道线的宽度,W 为进口道处非机动车道的宽度。

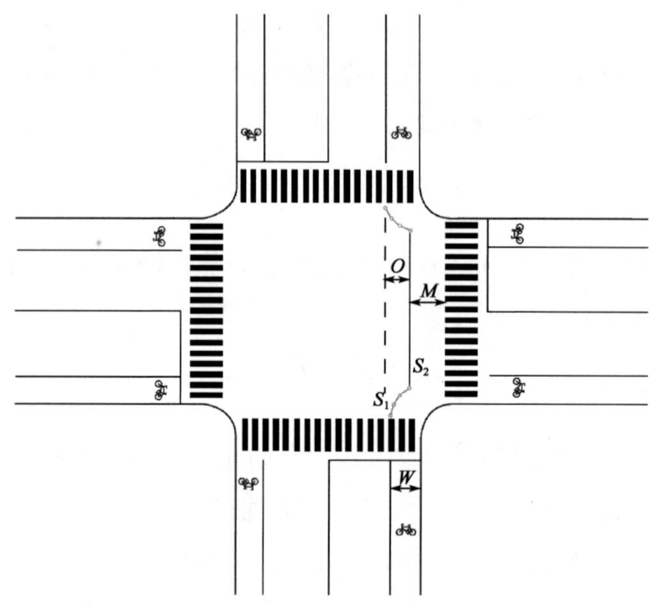

图 6-4　非机动车过街横道线后移设置示意图

设直行非机动车流的膨胀度为 η_v,则直行非机动车流的膨胀宽度为:

$$W_{BP} = \eta_v W \tag{6-7}$$

欲使非机动车的膨胀效应不至于影响到机动车的正常通行,非机动车过街横道的宽度应满足如下条件:

$$M = \frac{W_{BP} + W}{2} \tag{6-8}$$

非机动车过街横道的偏移量应为:

$$O > \frac{W_{BP} - M}{2} \tag{6-9}$$

基于以上分析,对于 3.4.2 节 2)中所列的案例,$\eta_v = 2.1$,$W = 3.5\text{m}$,$W_{BP} = 7.4\text{m}$,$M = 5.5\text{m}$,则非机动车过街横道的偏移量应满足 $O > 1.0\text{m}$。

6.1.2　两相位控制交叉口

对于两相位控制的交叉口,其直行非机动车流的安全性提升措施与四相位控制的交叉口类似；而对于左转非机动车流的安全性提升，可根据式(3-16)进行判别，当左转非机动车流大于 n_k 时，可通过设置左转非机动车专用相位、四相位信号控制或非机动车二次过街等方式对左转非机动车流进行单独控制，相关提升措施也与四相位控制交叉口中处理方法类似。

6.2 路段交通设施提升措施

路段机非冲突主要为非机动车流越线行驶所引起，当非机动车流流量较大而引起非机动车越线行驶时，往往可以通过设置机非硬隔离设施、取消路段停车设施等方式来控制和减少路段非机动车的越线行驶。

6.2.1 设置路段机非硬隔离设施

路段机非硬隔离设施的设置一方面需投入较大的工程设施经费，机非隔离栏一般需要200元/m，若为机非绿化带则费用更高；另一方面也将占用有限的道路资源，机非隔离栏一般需占用0.5m宽的道路空间，机非绿化带则会占用1.5m及以上的道路空间；再者，机非隔离带若设置不当也将影响道路的景观。因此，在无须设置机非硬隔离设施的情况下尽量不设机非硬隔离设施。但是当非机动车的流量大于式(4-2)中所列的流量临界值时，为保证路段的非机动车交通安全性、提高路段的通行能力，则需设置路段机非硬隔离设施。

6.2.2 取消路段路边停车设施

在路幅较宽、非机动车流量较小而停车需求较大的路段，如生活性次干道，其设置路边停车设施，特别是收费型停车位，如咪表停车位，可有效缓解道路周边的停车压力，服务道路两侧的商业设施，能够产生较好的社会经济效益。但当非机动车流过大或路段设置停车位后导致非机动车通行空间过窄，超过式(4-25)所设定的临界值时，应取消路段的路边停车设施。

6.2.3 合理设置公交停靠站

在无机非绿化隔离的道路上，若设置港湾式公交车站，不宜直接设置在人行道边缘，如图6-5所示，这样会导致公交车进站时与非机动车产生交通冲突，同时待公交车进站后，也会使非机动车通行宽度缩窄而产生越线行车的情况，从而与机动车产生交通冲突。针对此类道路，在设置港湾式公交车站时，应设置相应的硬化站台，将非机动车引至公交站台之后，并在近公交站台处设置机非隔离带，如图6-6所示。

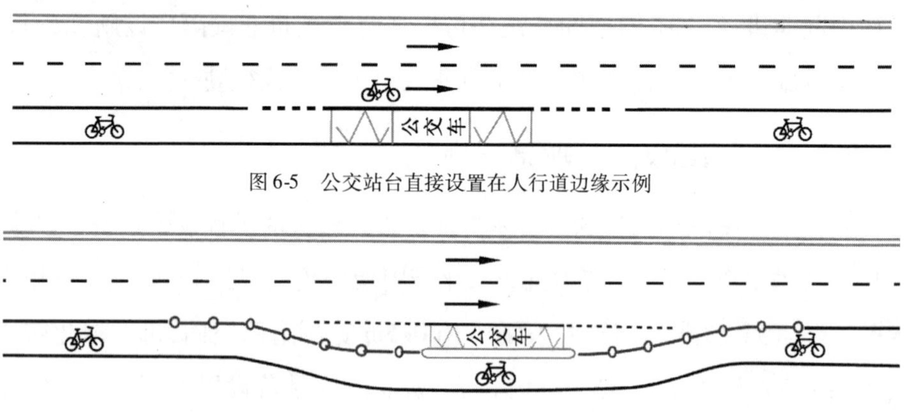

图6-5　公交站台直接设置在人行道边缘示例

图6-6　公交车站设置硬化站台示例

6.3　交通行为规范层面

根据第5章所建立的非机动车驾驶人交通行为安全性评价体系，交通行为整体可分为意识性交通行为、习惯性交通行为和受激性交通行为三大类型，针对各类交通行为的基本特性及其所包含的具体交通行为，以下分别提出各种类型交通行为的安全性提升措施。

6.3.1 意识性交通行为安全性提升措施

(1)提高交通安全意识水平

提高非机动车驾驶人交通安全意识水平，首要任务就是要让驾驶人深刻认识到交通安全事故对个人、家庭和社会所带来的深远影响。因此，应努力拓宽交通安全意识方面的教育和宣传渠道，一方面，要充分利用电视、广播、报纸、宣传栏等媒介，并结合交通事故案例，多方面、全方位地开展交通安全意识方面的宣传教育工作，提高广大非机动车驾驶人对交通事故危害性的认识；另一方面，也要将交通安全意识教育带入课堂，从源头上提高全民的交通安全意识水平。

(2)提高交通法规的认知度和遵守度

首先，交通法规的立法和执法部门要根据“立法要全，执法要严”的基本原则，努力提高交通法规的法律威严，并通过经济惩罚、交通执勤劳动教育等方式进行严管和严罚，提高非机动车驾驶人的违法成本，对非机动车驾驶人的交通违法行为起到威慑作用，提高非机动车驾驶人的遵章率；其次，由于不同于机动车驾驶人，广大非机动车驾驶人往往都没有接受过系统、正规的交通法规的学习和教育，因此，应加大交通法规的宣传力度和教育力度，提高广大非机动车驾驶人对交通法规的认知程度；再次，应使广大非机动车驾驶人认识到遵守交通法规是公民的一种最为基本的文明素养，提高遵章守法的社会认可度和交通违法的社会排斥度。

6.3.2　习惯性交通行为安全性提升措施

(1)提高非机动车驾驶人行驶过程中的判断能力

通过在路段和交叉口设置必要的警告标志和提示标语，对诸如边聊天边骑车、边打电话边骑车等弱化判断能力的行为进行劝阻，提高非机动车驾驶人在骑行过程中的注意力集中程度，提高对相关危险事件的判断能力，同时，对路段及交叉口周边相关广告、宣传栏和其他过于集中非机动车驾驶人注意力的设施进行清理和整顿，避免非机动车驾驶人因关注相关信息的内容而降低了对交通危险事件的判断能力。

(2)提高非机动车驾驶人行驶过程中的控制能力

对车辆控制能力的不足是引发交通事故的重要原因，因此，在提高非机动车驾驶人控制能力方面，一方面要通过相关的教育甚至处罚，杜绝非机动车驾驶人出现超速行驶、骑车带人、单把骑车等危险性行为；另一方面，对于自行车和电动自行车自身车辆性能不良的情况，如紧急制动失灵、车速过快等情况要及时修理与调整，提高骑行过程中对突发事件的控制和应对能力。

(3)减少直接交通冲突行为的发生

对重点交叉口和路段处，一方面通过优化交通隔离设施，从硬件上阻止非机动车驾驶人的不安全交通行为，对其进行管制；另一方面，通过加派交通民警、交通协管人员、征集交通志愿者的方式，加大对交叉口和重点路段非机动车驾驶人的不安全交通行为进行劝阻、教育甚至处罚，减少非机动车驾驶人直接交通冲突行为的发生。

6.3.3 受激性交通行为安全性提升措施

(1)受他人影响的交通行为

从行政、教育和宣传等方面大力实施文明交通行动计划，使得广大交通参与者深刻认识到交通文明是个人文明素养的重要组成部分，提高全民的交通文明意识，针对非机动车驾驶人，应通过相关的宣传教育消除交通违章的从众心理，减少非机动车驾驶人受他人影响的交通行为的发生。

(2)受自身影响的交通行为

在日常的社会工作中，加强对非机动车驾驶人自身的心理疏导，尽量避免将生活、工作和学习中的某些不稳定情绪带到道路交通上去，针对非机动车驾驶人，在日常的骑行过程中保持良好、平稳的心情，减少因心理因素而产生烦躁、冒进的不安全交通行为，提高自身的交通安全性。

(3)受天气影响的交通行为

非机动车驾驶人由于没有相关的遮挡，其交通行为受天气因素的影响较大。因此，应尽可能给非机动车驾驶人提供一个良好的骑行环境。例如，在交叉口非机动车进口道处，设置遮阳棚，晴天可以遮阳，雨天可以避雨，在路段的某些区域设置遮阳避雨区，对路段上行驶的非机动车驾驶人也可以进行必要的遮阳和避雨，可极大地减少天气情况不佳的情况下非机动车违章行为的发生；另一方面，也要通过教育的方式，使人们在恶劣天气下，尽量改乘公共交通等出行方式，避免因天气情况影响而出现路段快速骑行、交叉口违章的行为。

(4)受环境影响的交通行为

鉴于交通环境对非机动车驾驶人交通行为的影响较大，因此，应加强对日常交通管理设施的维护与优化，如在晚间车流量较少时，将信号控制交叉口原先的信号相位进行适当调整，缩短周期，减少交叉口的延误，有条件的交叉口甚至可以改为黄闪灯进行控制。

6.4 本章小结

非机动车交通安全提升措施的研究是本书有关非机动车流速度-密度特性、交叉口机非冲突特性、路段机非冲突特性及非机动车驾驶人交通安全评价等相关研究的落脚点，也是本书研究的意义和实用性所在。本章首先对交叉口和路段上相关非机动车管控设施的设计方法进行研究，以便在今后相关交叉口和路段在新建和改建的过程中，更有效地减少机非冲突，既保障非机动车的交通安全，又可以最大限度地提升交叉口和路段的通行能力。其次，根据非机动车驾驶人交通安全性评价模型，从政策法规层面、安全教育层面和管理控制层面有针对性地提出非机动车交通安全性提升措施，从源头上消除非机动车驾驶人的不安全交通行为，从根本上提高非机动车驾驶人的交通安全性。

附录1 交叉口非机动车流饱和流率统计表

(1)左转非机动车流饱和流率统计表(附表1~附表3)

环城西路—联丰路西进口左转非机动车流饱和流率观测结果

(非机动车道宽4m) 附表1

观测序号	饱和流持续时间(s)	自行车数量(bic)	电动自行车数量(bic)	饱和流率[bic/(s·m)]
1	8	15	20	1.08
2	10	19	25	1.11
3	9	17	19	1.05
4	10	20	23	1.08
5	7	14	17	1.1
6	9	19	22	1.15
7	13	26	30	1.07
8	8	16	20	1.11
9	11	17	20	1.06
10	12	23	29	1.08
11	7	15	16	1.09
12	7	14	17	1.12
13	9	18	22	1.1
14	9	17	22	1.09
平均值	—	—	—	1.09

百丈东路—甬港南路南进口左转非机动车流饱和流率观测结果

(非机动车道宽3m) 附表2

观测序号	饱和流持续时间(s)	自行车数量(bic)	电动自行车数量(bic)	饱和流率[bic/(s·m)]
1	8	11	15	1.1
2	7	9	14	1.08

续上表

观测序号	饱和流持续时间(s)	自行车数量(bic)	电动自行车数量(bic)	饱和流率[bic/(s·m)]
3	7	11	13	1.13
4	6	9	12	1.09
5	8	14	14	1.15
6	11	17	20	1.12
7	7	11	13	1.16
8	10	16	18	1.12
9	10	15	17	1.06
10	8	12	14	1.08
11	9	14	18	1.17
12	12	18	22	1.11
13	10	17	16	1.1
14	8	14	14	1.16
15	9	15	16	1.15
16	8	12	14	1.08
平均值	—	—	—	1.12

翠柏路—体育场路东进口左转非机动车流饱和流率观测结果

(非机动车道宽2m)

附表3

观测序号	饱和流持续时间(s)	自行车数量(bic)	电动自行车数量(bic)	饱和流率[bic/(s·m)]
1	7	7	8	1.07
2	7	7	8	1.05
3	6	7	6	1.07
4	6	6	7	1.08
5	8	7	10	1.08
6	9	9	10	1.06
7	10	10	12	1.08
8	8	9	9	1.12
9	7	7	9	1.11
10	8	8	9	1.06

续上表

观测序号	饱和流持续时间(s)	自行车数量(bic)	电动自行车数量(bic)	饱和流率[bic/(s·m)]
11	9	8	11	1.05
12	7	7	8	1.08
13	8	8	9	1.09
14	6	6	7	1.09
平均值	—	—	—	1.08

(2)直行非机动车流饱和流率统计表(附表4~附表6)

环城西路—联丰路西进口直行非机动车流饱和流率观测结果

(非机动车道宽4m)

附表4

观测序号	饱和流持续时间(s)	自行车数量(bic)	电动自行车数量(bic)	饱和流率[bic/(s·m)]
1	9	20	24	1.21
2	9	15	27	1.18
3	11	25	26	1.16
4	10	23	25	1.21
5	8	17	23	1.26
6	9	20	23	1.19
7	10	22	27	1.23
8	11	26	28	1.22
9	9	20	24	1.21
10	9	20	22	1.17
11	8	19	21	1.24
12	10	23	25	1.21
13	11	26	28	1.22
平均值	—	—	—	1.09

百丈东路—甬港南路南进口直行非机动车流饱和流率观测结果

（非机动车道宽 3m）　　附表 5

观测序号	饱和流持续时间（s）	自行车数量（bic）	电动自行车数量（bic）	饱和流率［bic/（s·m）］
1	11	15	24	1.18
2	13	22	24	1.17
3	8	13	17	1.23
4	9	15	18	1.24
5	11	19	21	1.21
6	12	21	22	1.19
7	10	17	18	1.15
8	12	21	23	1.23
9	9	15	17	1.17
10	9	14	18	1.18
11	11	16	23	1.19
12	12	21	23	1.21
13	11	19	20	1.17
14	11	16	24	1.2
平均值	—	—	—	1.12

翠柏路—体育场路东进口直行非机动车流饱和流率观测结果

（非机动车道宽 2m）　　附表 6

观测序号	饱和流持续时间（s）	自行车数量（bic）	电动自行车数量（bic）	饱和流率［bic/（s·m）］
1	11	12	14	1.19
2	12	14	15	1.19
3	9	11	11	1.21
4	10	10	15	1.24
5	11	12	15	1.23
6	12	13	16	1.21
7	11	13	14	1.22
8	10	12	13	1.25

续上表

观测序号	饱和流持续时间 (s)	自行车数量 (bic)	电动自行车数量 (bic)	饱和流率 [bic/(s·m)]
9	12	14	15	1.22
10	11	14	14	1.25
11	12	12	16	1.17
12	14	16	17	1.19
13	12	13	17	1.24
14	9	10	12	1.22
平均值	—	—	—	1.08

附录2　非机动车驾驶人交通行为安全性评价测试量表

非机动车驾驶人交通行为安全性评价测试量表

一、请填答您对以下问题的看法（请在对应的方框中打“√”）

问　　题	态　　度				
	①	②	③	④	⑤
1. 违反交通规则不一定会危及自己的人身安全					
2. 交通事故不一定会对个人和家庭造成严重伤害					
3. 交叉口绿灯期间与机动车一起通行是没有危险的					
4. 非机动车在适宜的情况下可以在机动车道上行驶					
5. 过马路到一半而信号灯转为红灯时，应抓紧时间急速通过					
6. 非机动车如强行冲红灯而发生交通事故的，应由汽车负全部事故责任					

注：表中①、②、③、④、⑤对应的态度分别为“非常同意”、“同意”、“一般”、“不同意”、“非常不同意”。

二、请填答您发生以下行为的频次（请在对应的方框中打“√”）

问　　题	发生的频次				
	①	②	③	④	⑤
7. 过交叉口时只看右边的来车而忽视左边的来车					
8. 一边听音乐（mp3 等）一边通过交叉口					
9. 一边打手机一边骑车通过交叉口					
10. 因走神而没有注意交通信号					
11. 一边聊天一边通过交叉口					
12. 打伞骑车					
13. 单手离把骑车					

续上表

问　题	发生的频次				
	①	②	③	④	⑤
14. 在车辆制动器失灵的情况下继续上路骑行					
15. 高速骑行					
16. 骑车带人					
17. 为了方便或节省时间，在红灯期间穿越交叉口					
18. 超越前方骑行的自行车					
19. 在机动车道上顺向骑行					
20. 在机动车道上逆向骑行					
21. 横穿马路时，未从斑马线上通过					
22. 在路口跟随机动车一起左转					
23. 前面有人随意横穿马路时，我也会跟着做					
24. 前面有人集体闯红灯时，我会跟在他们后面走过去					
25. 交通比较混乱的时候，我违反交通规则的行为会增多					
26. 心情极其烦躁的时候，我的违反交通规则的行为会增多					
27. 遇到急事时我会冒险闯红灯					
28. 上下班(学)快迟到时我的骑行速度会加快					
29. 下雨天气而没带雨具时，我的骑行速度会加快					
30. 烈日当头而无遮挡时，红灯期间我也会过交叉口					
31. 道路有积水时，我会因避开积水而越线行驶					
32. 夜间因车辆稀少而闯红灯					
33. 附近没有来往车辆时，我会在红灯期间通过交叉口					
34. 交叉口人行横道设置不合理时，我将不从人行横道通过					

注：表中①、②、③、④、⑤对应的频次分别为“总是如此”、“一般如此”、“有时如此”、“很少如此”、“从不如此”。

参 考 文 献

[1] 编制组. 道路交通安全法[Z]. 吉林: 吉林人民出版社, 2008.

[2] 东南大学交通学院. 潍坊市城市综合交通规划研究报告[R]. 南京: 东南大学交通学院, 2006.

[3] 编制组. 电动车行业低碳宣言[R]. 北京: 首届中国电动车行业年会, 2010.

[4] 编制组. 中华人民共和国道路交通事故统计年报(2007 年度)[R]. 北京: 公安部交通管理局, 2008.

[5] 缪明月. 非机动车驾驶人交通伤害及预防对策研究[J]. 北京人民警察学院学报, 2007,4: 25-28.

[6] 沈建武, 吴瑞麟. 城市道路与交通[M]. 2 版. 武汉: 武汉大学出版社, 2006.

[7] 梁春岩. 自行车交通流特性及其应用研究[D]. 长春: 吉林大学, 2007.

[8] 韩凤春,刘东,曹金璇,等. 城市交叉口混合交通流特征及提高通行能力对策研究[J]. 中国人民公安大学学报(自然科学版), 2004,40: 93-96.

[9] 钱大琳, 刘珈铭. 自行车交通流到达特性分析[J]. 数学的实践与认识, 2004, 34(5):81-83.

[10] 周溪召. 关于非机动车道(网)时空饱和度及其应用[J]. 上海海运学院学报, 1997, 18(2):76-81.

[11] 陶志兴. 机非混行路段交通流特性研究[D]. 长春: 吉林大学, 2007.

[12] 管红毅. 城市自行车交通系统研究[D]. 成都: 西南交通大学, 2004.

[13] John Parkin, Jonathon Rotheram. Design speeds and acceleration characteristics of bicycle traffic for use in planning, design and appraisal[J]. Transport Policy, 2010, 17(5): 335-341.

[14] Smith, D. Safety and Location Criteria for Bicycle Facilities[M]. Report FHWA-RD-75-112, FHWA, U.S. Department of Transportation, 1986.

[15] Opiela K. ,S. Khasnabis,T. Datta. Determination of the Characteristics of Bicycle Traffic at Urban Intersections [CD]. In Transportation Research Record 743, TRB, National Research Council, Washington, D. C. , 1980, P30-37.

[16] Times of bicycle crossings: Case study of Davis, California[J], Rubins, Daniel I. ; Handy, Susan Source: Transportation Research Record, 2005:22-27.

[17] Botma H, H. Papendrecht. Traffic Operation of Bicycle Traffic[CD]. Transportation Research Record 1320, TRB, National Research Council, Washington, D. C. ,1991, P65-72.

[18] Rice R, D. Roland. An Evaluation of the Performance and Handling Qualities of Bicycles[J]. Report prepared by Cornell Aeronautical Laboratory, Inc. , Cornell University, for the National Commission on Product Safety, Washington, D. C. ,1990.

[19] Pein W. Bicyclist Performance on a Multiuse Trail[CD]. In Transportation Research Record 1578, TRB, National Research Council, Washington, D. C. , 1997:127-131.

[20] Harkey D, R. Stewart. Bicycle and Motor Vehicle Operations on Wide Curb lanes, Bicycle Lanes and Paved Shoulders[J]. Proceedings Traffic Congestion &Traffic Safety in the 21st Century, Chicago, Illinois, American Society of Civil Engineers, 1997.

[21] D. Taylor, W. J. Davis. Review of Basic Research in Bicycle Traffic Science, Traffic Operations, and Facility Design[J]. Transportation Research Record, 1999: 102-110.

[22] M Hossain. Estimation of saturation flow at signalized intersections of developing cities: a micro-simulation modeling approach, Transportation Research Part A, 2001, 35:129-147.

[23] 罗石贵，周伟. 路段交通冲突技术研究[J]. 公路交通科技，2001，18(1)：65-68.

[24] Jia Shunping. Quantitative analysis of impact of bicycles on vehicles in urban

mixed traffic[J]. Journal of Transportation Systems Engineering and Information Technology, 2008, 8(2):58-63.

[25] 赵春龙. 平面交叉口混合交通流自行车穿越机动车微观行为模型研究[D]. 北京: 北京交通大学, 2006.

[26] 陈峻, 谢之权. 行人—自行车共享道路的自行车交通冲突模型[J]. 吉林大学学报(工学版), 2009, 39(2), 121-125.

[27] 石臣鹏. 电动自行车交通现状分析及对策研究[D]. 重庆: 重庆交通大学, 2007.

[28] Liu Jinguang. Releasing characteristics of pedestrians and bicycles in urban signalized intersection of green time[J]. Journal of Transportation Systems Engineering and Information Technology, 2010, 10(1):164-169.

[29] Yinhai Wang, Nancy L,Nihan. Estimating the risk of collisions between bicycles and motor vehicles at signalized intersections[J]. Accident Analysis & Prevention, 2004, 36(3): 313-321.

[30] G. Tiwari, D. Mohan,J. Fazio. Conflict analysis for Prediction of fatal crash locations in mixed traffic streams[J]. Accident Analysis & Prevention, 1998, 30(2):207-215.

[31] John Parkin, Ciaran Meyers. The effect of cycle lanes on the proximity between motor traffic and cycle traffic[J]. Accident Analysis & Prevention, 2010,42(1):159-165.

[32] Mette Moller,Tove Hels. Cyclists' perception of risk in roundabouts[J]. Accident Analysis and Prevention, 2008, 40(3):1055-1062.

[33] 靳文舟, 张杰, 梅冬芳. 基于细胞自动机模型的交通流模拟程序[J]. 华南理工大学学报, 2003, 5 (4): 17-18.

[34] 王永明, 周磊山, 吕永波. 基于元胞自动机交通流模型的车辆换道规则[J]. 中国公路学报, 2008, 21(1):89-93.

[35] 吴建平, 黄岭, 赵坚利. 北京市道路信号交叉口自行车和行人的行为研究[J]. 交通运输系统工程与信息, 2004, 4(2):105-114.

[36] 曾四清. 城市自行车交通事故伤害的危险因素研究[J]. 医学与社会, 1995, 3: 34-38.

[37] 罗江凡. 电动自行车交通安全相关问题及管理研究[D]. 成都: 西南交通大学, 2008.

[38] 潘晓东, 赵晓翠, 杨轸, 等. 非机动车骑行行为实验研究[J]. 长沙交通学院学报, 2008, 24(4):62-66.

[39] Christopher Cherry, Robert Cervero. Use characteristics and choice behavior of electric bike users in China[J]. Transport Policy, 2007, 14(3):247-257.

[40] Inger Marie Bernhoft, Gitte Carstensen. Preferences and behavior of pedestrians and cyclists by age and gender[J]. Transportation Research Part F 11, 2008:83-95.

[41] Mikko Räsänen, Ilkka Koivisto, Heikki Summala. Car Driver and Bicyclist Behavior at Bicycle Crossings Under Different Priority Regulations[J]. Journal of Safety Research, 1999, 30(1):67-77.

[42] Chen Yongheng. Speed character study for motor vehicle and bicycle at non-barrier section[J]. Journal of Transportation System Engineering and Information Technology, 2009, 9(5):53-57.

[43] Tetsuo Maki, Toshiyuki Asai, Janusz Kajzer. The behavior of bicyclists in accidents with cars[J]. JSAE Review, 2000. 8, 21(3):357-363.

[44] Tetsuo Maki, Janusz Kajzer. The behavior of bicyclists in frontal and rear crash accidents with cars[J]. JSAE Review, 2001. 8, 22(3):357-363.

[45] 陆玉凯, 金先龙, 侯心一. 数字摄影测量技术在交通事故再现中的应用[J]. 计算机辅助设计与图形学学报, 2005, 17(10):2318-2324.

[46] 王丰元, 杨朝会, 邹旭东, 等. 基于道路标线的交通事故现场摄影测量研究[J]. 交通运输工程与信息学报, 2008, 6(1):1-5.

[47] 唐阳山, 李江, 白艳, 等. 交通事故摄影测量中相机标定的扩展两步法[J]. 交通运输工程学报, 2007, 7(1):81-84.

[48] 沈家军, 王炜. 基于摄影测量原理的道路交叉口机非冲突区域界定[J].

扬州大学学报(自然科学版),2010,13(1):75-78.

[49] 沈家军. 城市道路交叉口复杂度及与通行效率关系研究[D]. 南京:东南大学,2009.

[50] 雷海燕. 城市自行车交通研究与分析[D]. 西安:长安大学,2007.

[51] 景春光. 平面交叉口机非冲突研究及其应该研究[D]. 长春:吉林大学,2005.

[52] 钱大琳,蒋海峰,黄迪,等. 信号交叉口混合交通流干扰影响及其计算方法研究[J]. 交通运输系统工程与信息,2006,6(3):75-78.

[53] 韩宝睿,马健霄,仲小飞,等. 电动自行车的交通特性研究[J]. 森林工程,2008,24(6):29-33.

[54] 董斌杰. 电动助动车综合交通特性研究[D]. 上海:同济大学,2008.

[55] 王明文. 非机动车对路段交通流影响的研究[D]. 北京:北京工业大学,2004.

[56] 景春光,王殿海. 典型交叉口混合交通冲突分析与处理方法[J]. 土木工程学报,2004,37(6):97-100.

[57] 宁波市公安局交通警察支队. 宁波市2010年全市道路交通安全形势情况通报[R]. 宁波:宁波市公安局交通警察支队,2010.

[58] 宁波工程学院交通运输研究所. 宁波市中心城区交通运行状况调查分析报告[R]. 宁波:宁波工程学院交通运输研究所,2010.

[59] Tetsuo Makia, Janusz Kajzer, Koji Mizunoc, et al. Comparative analysis of vehicle-bicyclist and vehicle-pedestrian accidents in Japan[J]. Accident Analysis and Prevention. 2003, 35, 927-940.

[60] Taylor D. Contributions to Bicycle-Automobile Mixed-Traffic Science: Behavioral Models and Engineering Applications[D]. Ph. D. dissertation, The University of Texas, Austin, 1998.

[61] 李峰. 我国城市道路自行车通行能力及服务水平的研究[J]. 中国市政工程,1995,12:11-14.

[62] 孙明正,杨晓光. 机非混行平面交叉口交通设计理论研究[J]. 土木工程

学报, 2004, 21(8): 82-86.

[63] 钱大琳, 黄迪. 信号平交路口右转机动车穿越直行自行车决策行为研究[J]. 系统工程理论与实践, 2006, (5): 140-144.

[64] 吴建平,黄岭,赵坚利. 北京市道路信号交叉口自行车和行人的行为研究[J]. 交通运输系统工程与信息, 2004, 4(2): 105-114.

[65] 成卫. 城市道路交通事故与交通冲突技术理论模型及方法研究[D]. 长春:吉林大学, 2004.

[66] 徐吉谦. 交通工程总论[M]. 北京: 人民交通出版社, 1991.

[67] 关宏志,陈艳艳,刘小明,等. 基本路段机非混合交通流的解析模型[J]. 北京工业大学学报, 2001, 27(1): 12-15.

[68] 郭宏伟,高自友,赵小梅,等. 路内停车对非机动车交通行为影响研究[J]. 交通运输系统工程与信息, 2011, 11(1): 79-84.

[69] 吴明隆. SPSS 统计应用实务——问卷分析与应用统计[M]. 北京: 科学出版社, 2003.

[70] 梁昆淼. 数学物理方法[M]. 3 版. 北京: 高等教育出版社, 1998.

索　引